暮らしのなかの
工夫と発見ノート

あなたに ありがとう。

松浦弥太郎

PHP文庫

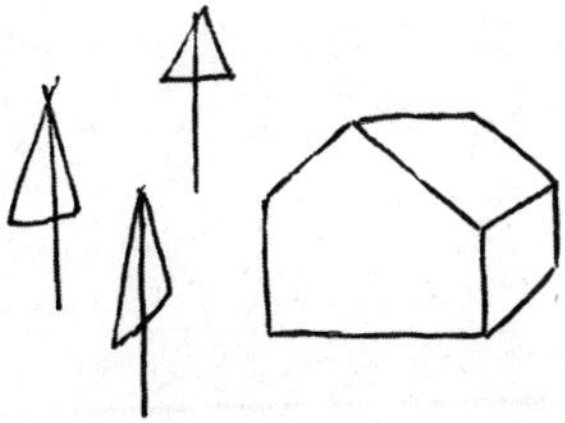

はじめに　～いいところを見つける練習～

「おいしい蕎麦を食べたいなら、あの店へ」

「今、読んで面白いのは、この本」

情報があふれる時代になると僕たちは、自分の感覚ではなく、無意識的に、ほかの誰かが選び、発信したものを選びがちになってしまいます。

それはある意味失敗やはずれが少ないことかもしれませんが、とても淋しいことです。

なぜなら、すでにほかの誰かが選んだものを選ぶことがあたりまえになってしまったら、僕たちは知らないうちに自分らしさをなくしてしまうから。

たとえば、人とのほんとうのつきあいというのは、自分の眼で相手を選び、相手にも自分をしっかりと選んでもらうことで生まれるものでしょう。

「友だちになるなら、この人がおすすめ。とてもいい人ですよ」

そんな口コミなど関係なく、人と人は友だちになります。

「なんであんな人とつきあうの？　ちょっと変わっているんじゃない？」

たとえ誰かにそう言われても、「自分がいいのだからいい」というのが友だちであり、恋人であり、生涯のパートナーだと思います。

友だちでも、恋人でも、仕事を通してかかわる人であっても、誰とつきあうかを選ぶとき、決して損得や評判を差し挟んではいけません。

「この人とつきあえば、淋しさを埋めてくれる、人脈ができる、メリットがある」

そんな見返りを求めて人とつきあうのは、正しくはないでしょう。

どんなことについても「善きこと」「正しきこと」とは何かを、自分の力で選ぶこと。勇気をもち、真摯に取り組むべきチャレンジでもあります。

このチャレンジをせず、成り行きまかせでつきあうと、人とのかかわりはゆがんでしまいます。ぎくしゃくする人間関係の根っこには、たいてい損得勘定が隠れているのではないでしょうか。

幼い頃、はじめて友だちをつくったときの感覚を、あなたは覚えているでしょうか？

「この子といると、たのしい、うれしい」

「あの子はかわいい、面白い、やさしい」

そのときの感覚を言葉にするとしたら、僕はこの程度しか思い出せません。おそらく、言葉にできないようなもっと動物的な感覚で、相手のいいところを嗅ぎ分け、全身で感じ取っていたからだと思います。

これからの僕たちは、コミュニケーションにおいてこの素朴な感覚を取り戻したほうがいいように思うのです。幼い頃にもっていた人とつながるための細い触角が、くしゃくしゃにしまわれていたら、ていねいに伸ばし、じっくり手入れをし、また使ってみようではありませんか。

友だちをつくる力とは、相手のいいところを見つける力でもあります。どんな人であっても、そこにぴかりと輝く宝物を見つけること。そのいいところを見つける力は、一生懸命に練習し、毎日試さなければ、すくすく伸びてはいかないのです。

この本は、友だちに限らず、人とかかわりながら心地よく暮らすための覚え書きです。

近づきすぎてもうまくいかないし、遠すぎてもうまくいかない。ほんのちょっとのことでゆらいでしまう人間関係を整える工夫を書きました。たとえささやかでも、今日と明日を輝かせてくれる出会い、人とのつながりを大切にしましょう。

目次

はじめに　～いいところを見つける練習～……4

第1章
人とつながるということ……15
～はじまりは、いつも自分から～

愛情を伝える……16

待たない……21
待たせない……27
自分を整える……34
決めつけない……39
支配しない……44
大きな地図をもつ……49
立ち止まる……52
筆まめになる……57

第2章

与え続けていくということ……59

～ちょうどいい距離をみつける～

翌日の「ありがとう」……60
気負わず贈る……64
時間をつくる……68
近づきすぎない……73
見返りを求めない……78
急がない……83
断られ上手になる……87
気を利かせない……94
ユーモアの効用……98

第3章 うまくいかないとき……103

〜大切なのは引き返す勇気〜

ひきずらない……104
つられない……108
意見は違ってあたりまえ……112
不満を言わない……116
逃げ道をつくる……120
目で伝える……125
いない人の話をしない……128
期待させない……132

弱さを武器にしない……137
引き返す勇気をもつ……142

第4章 深めるということ……147

~ゆっくり時間をかけて見守る~

一年先を考える……148
愛情のルール……153
素のままでいる……158
時間を贈る……162
追いつめない……165

教えてもらう……172
「新しい、いいところ」を見つける……177
家族を守る……182
ごちそうになる作法……187
求めない……193
押しつけない……198
黙って見守る……203

おわりに　～すべてを丸くしてくれる魔法の言葉～……208

［解説］　轟木節子……211

第1章
人とつながるということ
～はじまりは、いつも自分から～

愛情を伝える

人間関係について考えると、三つの言葉が浮かんできます。

育てること。

守ること。

与え続けること。

人とのかかわりとは、「育てる、守る、与え続ける」というこの三つの営みだろうと、僕は思っています。

人と人とのつながりが、突然生まれること。

ふとした出会いが、かけがえのないものに変わっていく。その小さな奇跡を体験したことがある人も、たくさんいるでしょう。

たとえば友人や恋人といった、あなたの人生になくてはならない存在の人も、最初はちょっとしたきっかけで親しくなったかもしれません。たくさんの人のなかから一人選び、「さあ、今日からこの人と仲良くなろう」と決めるようなケースは稀《まれ》でしょう。

家族にしても、「この人を家族として選ぶ」と自分の意志で決められるのは、せいぜい配偶者くらいのものです。魂のレベルでは、自分が両親を選んで子どもとして生まれてきたと思っていますし、生まれてきた子どもにしても、きっとそうだと思いますが、これは、意識のおよばない範囲のこと。不思議な縁や必然が寄り集まって家族になるという要素が、多かれ少なかれあります。

人知のおよばない、なにか偉大なるものにひきあわされたかのような「出会い」を、自分を取り巻く人間関係に変えるのは、奇跡ではなく、その人自身だということです。

「育てる、守る、与え続ける」

このたゆみない営みを、誰もがしている、いや、していかなくてはならないのだと感じます。

あらゆる人間関係において、コミュニケーションの大切さ、必要性が声高に語られています。ところで、コミュニケーションの目的とはなんでしょう？

お互いに伝えたいことを、きちんと伝えあうことでしょうか。

思いやり、気遣いあうことでしょうか。

それとも、みんながそれぞれ自己主張することでしょうか。

馴れ合いにならないように、気持ちを正直に言葉にすることでしょうか。

いろいろあるように見えますが、おそらく、ごく単純な話ではないかと僕は思うのです。コミュニケーションの目的とは、相手に自分の愛情を伝えることではないかと。

男女の恋愛に限ったことではありません。家族や友人、職場の人であっても、愛情を伝えあうことなしに成立する関係はないでしょう。

ものに対してでも、自然に対してでも、愛情を伝えなければ、つながりを築くことはできません。

たとえば、お皿を割ってしまったのなら、その原因は自分の愛情不足です。

お皿に対してたっぷりの愛情があれば、気にかけるし、大切にします。割ったりしないよう、ていねいに洗います。

お皿は自然に「割れた」のではなく、自分が「割った」ということ。手がすべったからではなく、自分の愛情不足がぞんざいな扱いにつながり、結果としてお皿を「こわした」ということです。

同じように、人間関係がうまくいかなかったり、宝物みたいだった絆がほどけてしまいそうなときは、たいていどちらかの愛情不足に理由があります。

これまでの自分自身のことを省みても、「あのトラブルは、僕の愛情不足のために起こった」と、苦さとともにつくづく思い知ることが多いのです。

「自分は愛情を伝えているだろうか？」

立ち止まって考えてみることが、人間関係の三つの営み「育てる、守る、与え続ける」ことにつながります。

人は基本的に孤独であり、人生は自分の力で歩んでいかなければなりません。しかし同時に、いくら自分を律したとしても「自力」でできることがいかに少ないか、「他力」によって生かされていることがどれだけ多いかを実感します。

他力とは、目の前の相手、周りにいる人たち、そして社会です。自分以外の人に僕たちはもっと敬意を払うべきだし、尊重しなければならないと思うのです。

それにはまず、自分から愛情を伝えること。おしみなく、もったいつけずに伝えること。育てるにも、守るにも、続けるにも、まず愛情がスタートだと感じます。

○コミュニケーションの目的は、相手に自分の愛情を伝えることです。
○自分以外の人に、もっと敬意を払い尊重しましょう。

待たない

横断歩道に立っていると、ちょうど反対側に友だちがいます。

信号が青に変われば二人とも歩き出し、おそらく、道を渡る途中で友だちも僕に気づくでしょう。

「こんにちは」

「元気ですか？」

相手から先に、声をかけてくるかもしれません。

どちらが先というわけでもなく、自然に挨拶を交わすかもしれません。

それでも僕は、信号が変わらないうちに声をかけたい。まだ赤で、友だちはこちらに気がついていなくても、「こんにちは！」と大きな声を出したい。周りの人が、じろじろ見ても、元気よく挨拶をしたい。

歩くのは青信号になるまで待ちます。でも、人とのかかわりにおいて「しばし

待つ」なんて、いらないことだと信じているのです。

初対面の打ち合わせや、ちょっと緊張する相手だと、お互いに様子をさぐりあっていることがあります。しかし、良い関係はリラックスした状態から生まれます。相手を安心させ、緊張させないのは、お行儀より大切なマナーではないでしょうか。

第一印象はとくに重要です。初めて会ったときの態度や雰囲気が、それから先にどんな関係をつくりあげていくかに大きく影響します。

今、大切につきあっている友だちを考えても、いちばん最初に会ったときのことは忘れられません。お互いがストレートに心を開き、「会えてうれしい」と伝えあったことで、深い結びつきがスタートしました。

だから僕は待つことをしません。できるだけ自分から先に、心を開きます。「あなたに会えてうれしい」という気持ちを、いち早く表すこと。「大好きです」と、素直に一生懸命に伝えること。

すると相手も心を開いてくれる。「この先、いい関係をつくっていけるな」というううれしい予感が、二人の間にほんのりと漂います。

相手の反応をうかがい、好意を示してくれるまで待っていてはいけません。まずは自分から、先手を打つこと。表情や態度でも、十分に伝えられます。

ずっと憧れていた海外の本屋さんやアーティスト、作家にようやく会えたときも、僕は同じようにしています。「あなたに会えて、ほんとうにうれしい」と自分から気持ちのありったけで伝えたことで、言葉の壁を乗り越え、友だちになれたことも何度となくありました。

ビジネスなどで役立つ単純な例をあげると、暑い日であれば、自分から上着を脱ぎましょう。こちらが脱げば、相手も脱ぎやすいものです。上着を着ていたときはかちっとしていた人も、シャツが可愛らしいチェックだったりして、ちょっと隙が見えます。人間らしさ、ユニークさ。シャツに限らず、その人の内面がほんの少しでも見えれば、お互いが安心して関係を築きやすくなります。

つきあいが長い相手であっても、シビアな話をしなければならないときには、心の窓を開くことから始めます。

「今、この人は僕に対して、少しは心の窓を開いてくれているのだろうか？」

それを確かめてからでないと、肝心の話はできないと思うのです。

取引先へのクレーム。仕事上のなかなか言いにくい話。プライベートで深刻な話をするときも同じです。

突然、きつい話を切り出すというのは相手にとってたいそうな負担だし、あまりにも思いやりのない行為。解決する話もこじれてしまいかねません。もちろん双方が「そろそろ窓は開いているかな？」とうかがっているのも、くたびれます。

そんなときも僕は、相手の緊張が自然にほぐれるのを待ったりはしません。まず、自分がリラックスし、緊張を解いてみせることで、相手の心の窓をあけてもらうようにしています。

待たないとは、言葉を変えれば「受け身にならない」ということ。せっかちだったり、自分勝手とは違います。

「こんなことにかかわったら、トラブルにまきこまれるかもしれない」というときも、いつも自分から絡《から》んでいく気概をもちたいと思います。

「べつに頼まれていないから、自分が手伝わなくてもいい」という腰が引けたやり方は、きっぱり捨てると決めています。

家族でも、友情関係でも、仕事でも、声をかけられるのを待たずに、自分から声をかけてかかわっていくこと。

その勇気があってはじめて、人との出会いに恵まれます。

大切な人と、深いつながりをもてます。

仕事であれば、チャンスも巡ってきます。

「待たない」こと、いつも先手を打つこと、能動的になること。

いささか勇気はいりますし、慣れないうちはためらいや恥ずかしさが込み上げてきますが、果敢に挑むだけの価値はあります。

誰かが声をかけてくれるのを待つのではなく、自分から声をかける。

相手が変わってくれるのを待つのではなく、まず自分から変わるのです。

さあ、明日の横断歩道では、相手の挨拶を待たずに大きな声を出しましょう。息ぐるしいミーティングで、自分をさらけ出してリラックスしましょう。シリアスな問題を話しあうテーブルで、自分から心の窓をあけましょう。

○人とのかかわりにおいて「しばし待つ」なんていらないことです。

○まずは自分がリラックスすることで、相手の心の窓をあけてもらいましょう。

待たせない

もしかすると、「好き」という気持ちよりも、大切だと思うのです。

それは、相手を信じ、自分も信じてもらうこと。

信頼は、人と人がつながるために、なくてはならないものです。

なぜなら人間関係は複雑で、トラブルがつねに起こります。思いがけない出来事に立て続けに見舞われたとき、おたがいを結びつけているのが「好き」という気持ちだけでは、あっさり崩れ落ちてしまいます。「好き」というのは自然で美しい気持ちですが、万能かといえば、すこし違う気がするのです。

「お互い好意をもっている相手とだけ、つきあえばいい」

そんな世界はどこにもありません。仮にあったとしても、ちっぽけで狭い、つまらない世界でしょう。

また、いくら好きな者同士でも、災難に見舞われたとき、意見が対立したとき、「好き」だけでは乗り越えられないことも、たくさんあります。

多少、タイプの違う相手とも、かかわっていく。

考え方や価値観の違う相手とも、つきあっていく。

そうしてこそ、僕たちは成長できるはずだし、違う自分になれるのではないでしょうか。


「自分は、どういう人を信頼しているのだろうか?」

改めて考えてみると、二つの答えが浮かんできます。

一つは、逃げない人。

仕事でもプライベートでも、大きくても、小さくても、トラブルは日常的に起きます。大切なのは、トラブルが起きるかどうかではなく、どのように立ち向かうか。なにかしらトラブルが起きたとき決して責任転嫁しない人を、僕は信頼しています。

失敗を、「私のせいです」と敢然と受け止められる人。ミスの重みにしゃがみこんでしまうことなく、どうすればいいかを顔を上げて考えられる人。そんな人は、好きや嫌いを超えて、信じられます。

だから自分も、ごまかしたり、取り繕ったり、逃げたりしない人でありたいと、いつも心に誓っています。逆にいえば、失敗やアクシデントから逃げないことは、信頼される人になるための最良の道ということです。

信頼している人の二つ目は、待たせない人。

人間関係の基本は、約束を守ることです。それは大原則として、ずっと胸に抱いていなければなりません。

それでも、待ってもらわなくてはならないときはあります。

たとえば「絶対に、一週間後に間に合います。大丈夫です」と引き受けた仕事でも、取りかかったら思いどおりに進まないこともあります。不意の出来事で目論見が狂ったりするのも、よくあることです。

ぎりぎりまで「約束を守ろう」と精一杯がんばったとしても、一週間後に「できませんでした」と言うのは論外でしょう。約束を守れなかったうえ、一週間ずっと相手を待たせたことになります。さらに、いつできるかもわからなければ、相手をもっと待たせてしまいます。

たとえ一度でもこんなことをした相手を信じるのは、たいそう難しいことです。

「大丈夫かな、また遅れるんじゃないかな？」と、相手を心配させるようでは、信頼される道理がありません。

しかし、仕事に着手して三日目で、正直に話したらどうでしょう。

「すみません、思ったよりも難しくて、あと一週間かかりそうです」

このように途中で報告した時点で、相手は待たずにすみます。もっと簡単にいえば、待ち合わせが十二時だとしても、十時の時点で「申し訳ないけれど、午後一時に変更してください」と伝えれば、相手は待たなくてもすむということです。

何か共同で行っていることについて途中で状況を話せば、いずれ信頼される人になれます。相手はいちいち聞かなくても、どうなっているかが把握できて、安心するでしょう。

待たせるとはまた、相手を状況もわからないまま宙ぶらりんにし、不安にさせることです。その意味では、家族や親しい人へのちょっとした返事でも、待たせてはいけません。

「今度の日曜日、みんなでどこかへ出かけない？」

こんなふうに尋ねられたとき、あなたはすぐに答えているでしょうか？

「新しい映画を見に行こうか？」

友人や同僚からの何気ない誘いでも、曖昧にしていないでしょうか？

「今度の日曜日ね……」

そう答えてイエス・ノーを口にしなければ、相手を待たせることになります。たとえ子どもからの誘いであっても、待たせてはいけません。

「うん、行こう！」と答えられればいちばんですが、「このところたくさん仕事があって疲れているから、出かけるのは今度にしよう」と即座に断るのも一つの答えです。

きちんとノーを言うこと。これは、「もしかしたら、どこかに行けるかも？」と期待させて待たせるより、よほど正しいふるまいだと僕は思います。

「映画か。いいね、どうしようかな」と曖昧な返事で引っ張ることを繰り返す相手を、何度も誘おうと思う人はなかなかいません。

待たせることが続けば、すくった砂が指のあいだからこぼれていくように、親しい人との間でも信頼は失われてしまいます。

はっきり答える、ごまかさないというのは、「逃げないこと」に、どこかでつながっている気がします。

いつも待たせず、いざというとき逃げない人。

僕はこんな人になりたいし、こんな人とつながっていたいと願っています。

○失敗やトラブルから逃げないことは、信頼される人になるための最良の道です。

○待たせない。それは、いつも相手の時間を思いやることです。

自分を整える

絶対条件は健康管理。

「仕事の基本はなんですか?」と聞かれたら、僕はこう答えます。「人とかかわる基本はなんですか?」と聞かれても、僕の答えは同じです。すべてにおいて必要なのは、まず自分を整えることだと思っています。

体調がすぐれなければ、人と接するのは難しいものです。相手に負担をかけるし、不快な思いをさせてしまうかもしれません。「なんて人だろう」と呆《あき》れられるようなミスをしでかす原因も、体のコンディションにあったりします。

具合が悪いときには人を気遣えないし、思いやりももてないはず。何はなくともよく眠り、きちんと食事をし、すこやかな体であらねばなりません。

同じように大切なのが、身だしなみです。どんなときも身ぎれいにしておくことは、人とかかわる絶対条件です。

もっとも、最近は洋服に気を遣う人が増えて、おかしな格好はほとんど見かけなくなりました。安くても良いものが買えるし、センスも磨かれているのでしょう。

それだけに、「体そのもの」の手入れをしているかどうかが、重要になってきます。

たとえば髪の毛。髪の手入れをきちんとしている人は信頼できるし、すてきだと思います。逆にいうと、髪が乱れていたり、のびっぱなしだったりすると、生活態度や仕事ぶりも荒れたものに感じます。

とくに男性の場合、寝癖がついたまま仕事場に現れる人もいますが、社会人としてコミュニケーションをとっていくうえで、気遣いが足りないのではないでしょうか。

「はねた髪が、〇〇さんの愛嬌があるところ」

こんな具合に好意的に受け止めてもらうのは、けっこう難しいことです。大人になれば、なおさらです。

女性の場合、髪は人の目が自然にいくところです。いくらすてきな服を着ていても髪が乱れていると台無しになるので、気を配りすぎるくらいでいいと思います。


髪と並んで、手がきれいな人もすてきです。男女を問わず、指先というのは目立つもので、ふと差し出した指がきたなかったり、ペンを使う手が汚れていると、なんだか幻滅してしまいます。

手のきれいさは信頼感、安心感にもつながると考えているので、僕自身、指先や爪の手入れは怠《おこた》らないようにしています。

もっとも、僕が言う「きれいな手」とは、なにも白魚のような指ではありません。

畑仕事をする人は爪の間に灰汁《あく》がはいるし、機械を使う仕事の人は油がしみこんだ分厚い手になります。人から見たら汚れた手かもしれませんが、手入れをしているかいないかは、ちゃんとわかります。

レストランで働いている僕の知人の手は、女の子なのに傷だらけです。日々酷使しているから、かなり荒れてもいます。

しかし、彼女がていねいに手を使っていること、使ったあとは大切にケアしていることはわかります。だからその手は「きれいな手」です。靴職人が、なめし革のようになった分厚い手のひらにていねいにクリームを塗っているのを見ると、尊敬の念がわいてきます。

アトピーや皮膚の炎症があっても、その人が心配りをもって手入れしていれば、どんな手もきれいな手だと思います。

洋服は嗜好性が高い趣味のもので、人それぞれ。そこをはかる物差しは、僕は持ち合わせていないのです。しかし、髪と手は、その人が何を大切にして生きているか、ライフスタイルをはかる尺度のような気もします。服と違って取り替えられないし、自然に表れてしまいます。

手入れといっても、特別に飾り立てる必要はありません。

髪はまめに切って、きちんと洗う。手は爪を手入れし、ハンドクリームを塗り、たまにマッサージすれば万全だと思います。

女性に気をつけてほしいな、と思うのは、あまりに飾り立てると清潔感から遠ざかるということ。髪も爪もやりすぎると、自分を整え、身ぎれいにするという目的からどんどん外れてしまうようです。身だしなみやおしゃれとは、礼儀のひとつなのです。

○よく眠り、きちんと食事をし、すこやかでいること。人とかかわる絶対条件です。

○どんなときも身ぎれいにしておきましょう。

決めつけない

「○○さんは、こんな感じの人」

「こういうタイプは、きっと○○をする」

おおよそこんな評判は、聞き流したほうがいいのです。

偏見をもたないこと。

固定観念を捨てること。

自分の頭をできる限り柔軟にしておかないと、さまざまな人と自由につきあうことはできません。

決めつけると、肩に力が入ります。こちらの力みが相手にも伝わり、警戒されます。そうしたら最悪です。心を開けないし、開いてももらえない。こんな出会いは、なんとも悲しすぎるのではないでしょうか。

相手を最初から「こんな人」と決めつけるとは、最初から小さな箱の中でがんじがらめになった人間関係をつくっているようなものです。

知識は自分の力になりますが、へんに賢くなりすぎると、感じる力が失われてしまいます。

性別、年齢、職業、趣味、ファッション、住んでいる場所。

結婚しているかいないか、働いているかいないか、子どもがいるかいないか。

それだけで相手の「タイプ」なんて決められるものでしょうか？

あなたと違う「タイプ」だからといって、考え方が違うとは限りません。同じグループに属していても、気が合うとは限りません。また、過去にある職業の人とつきあって不愉快な思いをしていたとしても、その職業の人全員が、同じふるまいをするなんて決めつけていいものでしょうか？


人間をカテゴライズする情報や知恵なんていらない、僕はそう思っています。

相手を見て、自分が感じたことだけを信じよう、僕はそう決めています。

その人の評判をあらかじめ気にするなど、もってのほか。噂や人に聞いた話

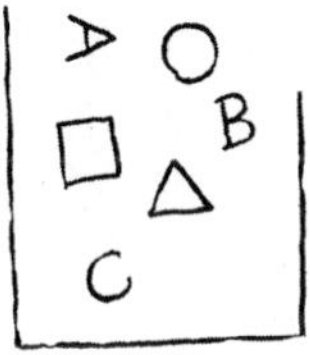

も、できれば忘れてしまったほうがいいでしょう。

「私の友人のAさんが『いやな人だよ』と言っていたから、今日会ったBさんはきっといやな人だ」

これははたして、真実でしょうか？

人と人とのまじわりは複雑なタペストリーみたいなもので、あるところは織り糸の加減で暗い色でも、あるところははっとするほどきれいな瑠璃色だったりします。

Aさんは大事な友人だし、嘘をついていないかもしれません。Aさんにとって、Bさんはいやな人かもしれません。それでも、あなたにとってもBさんがいやな人とは限りません。

あなたはAさんとも仲良くしているけれど、同時に、Aさんとは気の合わないBさんとも仲良くできる。人間関係はときどき、ちぐはぐに見える模様を描きます。だからこそ、面白いのかもしれません。

逆に、最初から「この人はきっとすてきな人だ」と決めつけることも、避けたほうがいいでしょう。勝手な思い込みと期待でハードルを高くあげるのは相手に対して失礼ですし、自分の気持ちの押しつけにもなります。


自分の気持ちはオープンであっても、相手が自分に対して偏見をもっている、最初から否定的な目で見られているというケースもあるでしょう。僕にしても仕事などで、「どうせ○○だろう」という目で見られることはあります。

しかし、そういう相手を排除せず、どんな色眼鏡で見られても自分らしい態度を貫くこと。それが、人とつながる最良の道だと思います。少なくとも、そうしなければ仕事の責任は果たせません。仕事でも、地域の集まりでも、いちいち自分と気が合わない人を排除していたら、何ひとつ成し遂げられはしないでしょう。

だからこそ、せめて自分だけは、人を選ぶのをやめてはどうでしょうか。

「この人とは仲良くなる」

「この人とは距離をとろう」

こんなふうにカテゴライズして人を選ぶのではなく、自分がいつも選ばれる側にまわるのです。「つきあいたい」と選ばれる人になるために、自分から心を開く。「一緒になにかをやりたい」と選ばれる存在になるために、自分を高める努力を続ける。

こう決めたらおそらく、偏見の材料を仕入れる暇はなくなってしまうはずです。

○人間をカテゴライズする知恵なんていりません。

○もしあなたが色眼鏡で見られても、過剰に反応せず自分らしい態度を貫きましょう。

支配しない

「釘をさす」という言葉があります。
くれぐれも、と念を押すことを意味する言葉ですが、これはほとんど、「余計な一言」だと感じています。
待ち合わせに遅れたことがある人に対して、「遅れないように」。
忘れ物が多い相手に対して、「絶対に忘れないで」。

多くのケースで釘をさす側は、無意識に相手をコントロールしようとしています。

遅れることがないように、相手をコントロールする。

忘れ物をしないように、相手をコントロールする。

正当なように見えて、人を支配したい気持ちが隠れている、それが釘をさす言葉のおそろしさです。

その証拠に、釘をさされた相手は、あまりいい気持ちがしません。釘をさす言葉は、相手の弱点や短所を指摘することが多いものです。いくら遠回しに笑いながら言っても、言われたほうはちくっと痛みを感じているでしょう。

「言葉の暴力」までいかなくても、言葉でつねるような行為。いくら小さくても、いったんちくっと感じた相手は、あなたから距離をとります。いったん距離をとったら、もとの近さに戻ることは難しいものです。

また、何回も何回も同じ注意を繰り返すと、単に「うるさい」と思われてしまいます。相手のためを思って言っていたとしても、それはまったく伝わりません。

「そうはいっても、同じ間違いをしないように言ってあげてるんですよ」

こんな反論が返ってくるかもしれませんが、はたして釘をさしたくらいで、弱点や癖がなおるものでしょうか？

普段の愛情不足で気持ちが伝わらなくなっているから、相手は遅れてきたり、忘れたりするのです。愛が足りないところに、ちくりと傷つけるふるまいをしたら、逆効果そのものだと僕は思います。


釘をさすに限らず、口出しとは相手を支配しようとする態度であり、くれぐれも慎まなければなりません。

もし、あなたが車を運転しているとして、助手席の友人が事細かに指示したらどうでしょう。

「あ、次は右で、その先の信号を直進ね。信号の気持ち手前で減速して。そうそう、今はもうちょっとスピード出してくれる？」

よくわかっている道だったらもちろんのこと、たとえ初めての道でも、あなたは間違いなくイライラするはずです。運転初心者だったとしても、助手席の人がささやくのがあまりに細かい指示だと、「まったく信用されていない」とか「道具扱いされている」と憤《いきどお》りを感じるでしょう。

車のドライバーにはプロフェッショナルもベテランもいますが、生きていくというドライブにおいて、僕たちは年齢を重ねていようといまいと同じ立場です。

あなたがあなたの人生の車を運転しているのと同じく、相手は自分の車を自分で運転しています。自分の責任で道を選び、スピードを決め、走っているのです。たとえ親切心から出たものだろうと、すべての口出しは失礼なことになります。

「ああ生きなさい、こう生きなさい」

極端に言えば、口を出すとは生き方まで支配しているのと同じです。そんなことは土台不可能なのですから、信じて愛情を注ぐほうに、自分の力を傾けたほうがよほどいい気がしています。

そもそも他力によって生かされている人間が、すべてを自分の思いどおりにできるわけがありません。「ああしたい、こうしたい」という望みが全部かなうなど、あり得ない話です。口は禍いの元というように、ちょっとした一言が相手を傷つけることもあるのです。

○「釘をさす」言葉の陰には、相手を支配したい気持ちが隠れています。
○相手を言葉でコントロールするのではなく、愛情を注いでみましょう。

大きな地図をもつ

相手の気持ちを知るには、近づきすぎてはいけません。

大好きな相手でも、ちょっと苦手な人でも同じです。

半径五〇メートルの地図ではかえって方向がわからなくなってしまうように、全体を見渡さないと見えてきません。

大きな地図をもちましょう。まず、ものごとの全体を見渡して、それから相手と自分にとっての「ベター」を探すのです。

このとき、くれぐれも「ベスト」を見つけようとしてはいけません。なにがベストかは状況によってもその人の心の状態によっても変わるし、正解を見つけるのがたいそう難しいものです。

「お互いのベストを見つけよう」と考えると、なかなか前に進めません。

また、ベストなことというのは、たいていどちらか一方にとってのベストであることが多いものです。一回は相手のベストな方向に進んでこちらが我慢したとしても、それが二回、三回と続いたら、うんざりしてきます。「つきあいきれない」とどちらか一方が思うことが重なれば、やがて関係はこわれてしまうでしょう。

しかし「ベター」であれば、注意をこらすと、だんだん見えてきます。

お互いが多少は我慢をし、お互いがそれなりに満足できる道、それが「ベター」だと僕は考えています。

全体の地図を見渡して、二人の「ベターな道」を探しましょう。そうするうちに、相手の気持ちも自然と見えてきます。

「この人は今、ちょっと無理をしているんじゃないか？」
「この人は、じっと我慢しているのではないか？」

そう感じたときは、「二人のベター」ではなく「あなたのベスト」を選んでしまったということ。振り出しに戻って、違う道を探しましょう。

○近づきすぎると、かえって相手の気持ちが見えなくなるものです。
○大きな地図で全体を見渡して、お互いにとっての「ベターな道」を探しましょう。

立ち止まる

なんでもない一言が、崩れ落ちてしまいそうな気持ちを、救ってくれることもあります。

なんでもない一言が、どうやったところで消せない傷を、心に残してしまうこともあります。

言葉というのはたいそう強いツールであり、だからこそ慎重に取り扱わねばならないと思うのです。いのちを救う薬にも、いのちを奪う毒にもなるのですから。

子どもの頃、同じクラスに知的障害がある男の子がいて、みんなでよく一緒に遊んでいました。

ある夏、友人が彼に「おまえなんか死んじゃえよ」と言ったことがあります。

愛嬌がある子だったし、まだ小学校の低学年なので、ふざけているとき、何の気なしに発した言葉だったのです。言われた彼も周りの友だちも、けらけら笑っていました。その頃の子ども同士のやりとりだと、「死んじゃえ」という言葉は、ごく軽いものだったと思います。

彼が海でおぼれて死んでしまったのは、数日後のことでした。

誰かのせいではないということは、わかっていました。友人が「死んじゃえよ」と言ったから、彼がおぼれたわけではないと。

しかし、僕は深くショックを受けました。

「死んじゃえばいい」という言葉が、本当になってしまうということ。

死んでしまった友だちには、「死んじゃえなんて言ってごめん」と謝ることは、どうやったってできやしないということ。

いったん口にしたら撤回できない言葉のおそろしさが、臓腑までしみとおるような出来事でした。

それから僕は、言葉にずいぶん注意するようになりました。大人になってからも、相手を傷つける言葉は決して口にしてはならないと、自分を諌《いさ》めてきました。

それでも言葉はたいそう難しくて、ほんのぽっちりも悪気がないのに、人を傷つけてしまいます。自分では愛情表現のつもりが、相手にとってはたいそう不快なものになったりするのです。

先日も、知人がひどく落ち込んでいたので、僕は事情を尋ねました。すると、お父さんががんで、危篤だと言います。「もう、駄目なんです」とつぶやく彼をなんとか励ましたくて、僕はこう言いました。

「親の死っていうのは、誰もが通る道じゃないかな。だからがんばってね」

自分でも、うまい表現だったとは思いません。しかし傷つけるつもりなど毛頭ありませんでした。

ところが僕が発した「誰もが通る道」という言葉は、彼の心を刺してしまいました。たった一人の自分の父親の死を、「よくあること」として片付けられたと感じたようで、「実はあのとき、とてもショックでした」と、あとから聞きました。

僕はもちろん謝り、自分の思いやりのなさを悔やみました。彼はゆるしてくれましたが、それでも、僕が彼を傷つけたことはたしかなのです。

一度言ってしまった言葉は、取り返しがつかない。僕は、小学生の夏に味わったのと同じ苦い思いをすることになりました。

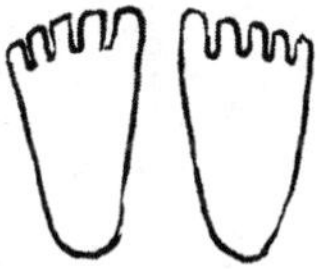

もしかすると、僕はまた同じ失敗を繰り返すかもしれません。だからこそ、気をつけているのは、言葉を発する前に立ち止まること。感情的に何か言いたくなったら一呼吸、待ってから言うのです。子どもの頃「かっとしたら、一〇数えてから、言いなさい」と親に教わりましたが、それを再び守ろうというわけです。

思わず言いたくなることというのは、たいてい言わなくてもいいことだったりします。手紙やメールも勢いまかせだと、「出さないほうがましだった」というものしか書けなかったりします。

「これを伝える必要があるのか？　言葉にしていいのだろうか？」

注意深く立ち止まること。どんな些細《ささい》な言葉でも、一〇数えてから口にすること。

どれだけ気をつけても、気をつけ足りないくらいのことだと思います。

○言葉には、それ自体に強い力があります。だからこそ取り扱いは慎重に。
○言葉を発する前に一〇数える。注意深く立ち止まるための方法です。

筆まめになる

人とのつながりを考えるとき、改めて大切にしなければならないのは、家族です。

自分と血のつながりがある人たち。親類縁者。両親。一緒に暮らしていない大きな単位の「家族」とは、年末年始やお祝いごとくらいしか顔を合わせる機会がありません。遠い場所に住んでいたりすれば、会うのは年に一度がせいぜいという人も多いでしょう。

電話をかけようにも、生活のスタイルが違うと、時間帯も違うのでタイミングが難しくなります。

だから筆まめになりましょう。

ちょっとしたことでも、手紙で知らせましょう。

なにかものを送るときも、ちょっと一言、書き添えましょう。

手紙というのは、とても個人的であり、思いがよく伝わる性質があります。たとえはがきでも、文字からにじみ出るなにかまで、わかってもらえます。

「娘が中学生になりました。みんな元気でやっています」

「お盆のときは、ありがとう。また会いましょう」

僕は自分の両親にも、妻の両親にも、ひと月にいっぺんか、ふた月にいっぺん、こんな手紙を書いています。

メールを使っている相手なら、パソコンや携帯のメールでもいいし、最近あまり使われていませんが、ファクシミリもいいと思います。すぐに送れて、手書きで出せるファクシミリは、僕のお気に入りです。

コミュニケーションで大切なのは、無精をしないこと。これは「筆」に限った話でもないし、家族限定というわけでもありません。

○コミュニケーションで大切なのは、無精をしないことです。筆まめになりましょう。
○手書きの文字はいいものですが、どうしても苦手ならメールでもいいのです。

第2章

与え続けていくということ

～ちょうどいい距離をみつける～

翌日の「ありがとう」

一緒に食事をすることは、人間関係の基本です。

食事は関係を築くうえで、なくてはならない行為といえるでしょう。大人数だとまた別ですが、せいぜい六人くらいまでなら、親密でプライベートな空間となります。

自分を知ってもらうために、ごはんを食べる。

相手をもっと知るために、ごはんを食べる。

なんとも、楽しいことではないでしょうか。

そもそも僕は、「楽しく食べる」のが、ごはんの基本だと思っています。どんなに手が込んだごちそうでも、喧嘩をしながら食べたのでは味もわかりません。どうせ食べるなら、大好きな人たちと楽しく食べたほうがいいに決まっています。

食事のときは、できるだけ楽しさをわかちあう話をし、「一緒に食べられて、うれしい」と態度で示すこと。それも大切なマナーです。

食事を終えたとき、みんなが「ああ、楽しかった。またご一緒したい」と思えるように気を配ること。

僕はいつもこの二つに気をつけるようにしています。

もう一つ心がけているのは、「昨日はすごく楽しかった」と、翌日きちんと伝えること。別れ際の「ありがとう」に、翌日の「ありがとう」を重ねるのです。

二十歳を過ぎた頃、いろいろな大人にごちそうになることが多かった僕は、何も知らない若者でした。ごちそうになったそのときはお礼を言いますが、翌日はなにごともなく、しらん顔をしていたのです。

あるとき年上の人が、何かの話のついでに「人に食事をごちそうになったら、翌日お礼の電話を一本いれるのは当然だ」と言っているのを聞いて、はっとしました。さんざんごちそうになっておきながら、一度も翌日のお礼などしていない自分に気づき、とても恥ずかしくなったことを、今でも思い出します。

それから、僕はごく簡単なお礼の手紙を出すようになりました。当日に書いて、早くポストに投かんすることを心がけます。

「昨夜はありがとうございました。おいしい食事と楽しいひととき、ほんとうにうれしかったです」

せいぜい、このくらいのものですが、気持ちは伝わります。

たまたま僕は手紙ですが、メールでも電話でもかまわないと思います。たった一言でいいから、感謝を伝える。この小さなひと手間を続けると、人間関係は密になっていきます。

ここで大切なのは「続ける」ということ。

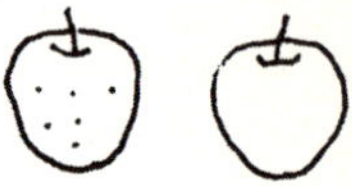

翌日の「ありがとう」を、社会人になりたての頃、あるいは初めて食事をした相手に対してはやっている人も結構います。ごちそうになったらお礼状を書いたり、電話を一本かけるというのは、たいていのマナーブックに載っているでしょう。

ところがみんな、続けないのです。

働いて何年もたつと、あるいは同じ相手と何回も食事をともにするようになると、翌日の「ありがとう」を勝手にさっさと省略してしまいます。

しかし、翌日の「ありがとう」は、もっと、ずっと、仲良くなるためのチャンス。楽しかったひとときを一緒に反芻《はんすう》し、「また行こう」と思うための小さな儀式ともいえます。「ありがとう」という言葉は、いくつも重ねてもかさばらないし、いやな気持ちになる人はいません。

○食事をごちそうになったら、翌日きちんとお礼を伝えましょう。
○手紙でも、電話でも、メールでもいいのです。大切なのは、続けること。

気負わず贈る

身近な人。

いつも一緒にいる人。

気の置けない、とても親しい間柄の人。

こうした相手とは、案外、深い話をするのが難しいものです。たとえば、日常生活をともにしている家族と、いつもきめ細やかなコミュニケーションをとっているかといえば、そうでもなかったりします。

顔を合わせているし、話はするけれど、家族と心のうちを語り合ったりする機会はなかなかありません。

いささか特殊なケースかもしれませんが、僕が家族にいちばん感謝しているのは、深く干渉しないでいてくれること。僕が一人で旅に出ても、仕事で帰れなくても、逆にずっと家にいても、あれこれ言わず、静かに見守っていてくれること。

見守ってくれることがうれしいのですから、「いつも見守っていてくれてありがとう」と口にするのもおかしなもの。それでも、感謝している気持ちは、伝えなくてはなりません。

だから僕は日常的に、気負わず書いた手紙を添えてなにかを贈ることにしています。

好きな食べ物。お花。なにかちょっとしたプレゼント。

べつに、もので解決しようというつもりはありませんが、お店などをぶらぶらしていて「あっ、好きそうだな」と思ったものについては、できる範囲で買って帰りたくなるのです。

「あっ、好きそうだな」というアンテナを立てるには、日頃からの観察が大切です。相手のことをじっくり見ていれば、だんだんアンテナの精度はあがります。

たとえ気に入らなかったとしても、贈るという好意自体は受け取ってもらえます。

プレゼントというと、誕生日やクリスマス、なにかの記念日にちょっと値段が張るものというイメージがあります。

しかし、たまたまその時期が忙しくて、ほんとうに喜びそうなものを探す時間がないこともあります。また、時間をかけてあちこちの店を見て回っても、どういうわけか見つけられないこともあります。

また、特別な日のプレゼントは、どこか習慣的であじけない。

「誕生日だから……」

「クリスマスには……」

すなわち、贈る動機が「特別な日」であり、「自分の贈りたいという気持ち」ではないということです。受け取る相手も、意外性はありません。

だからこそ、普通の日に気負わない贈り物をしたいのです。ちょっとしたもので十分だと思います。

大切なのは、面倒くさがらないこと。照れないこと。

「これ、好きそうだから買ってきた」

さりげなく無造作に、ラッピングもいらないと思います。

なんでもないときにその人が好きなものを見つけて贈ると、相手が友だちでも家族でも、「ああ、いつも自分のことを思い出してるんだ」と感じてくれます。

こんな気持ちのやりとりが、やわらかなつながりを、つくっていきます。

○なんでもない普通の日に、気負わない贈り物をしてみましょう。

○面倒くさがらないこと、照れないこと、さりげなく、無造作でもいいのです。

時間をつくる

「今、自分は蚊帳《かや》の外に置かれているのかな?」

こんな気持ちになったことは、ないでしょうか。

コミュニケーションが足りなくなると、人は淋しくなります。取り残されたような気持ちになります。個人差はありますが、誰も説明してくれず、よくわからない状況に置かれたとき、不安になるのはよくあることです。

逆の立場で、誰かを蚊帳の外に置いてしまうこともあります。つまり、忙しくて自分のことで精一杯だと、家族や友人、恋人とのコミュニケーションがおろそかになり、相手を不安にさせてしまうということ。

職場であっても、自分が抱えている仕事に夢中になるあまり、周りの人とのコミュニケーションをなおざりにすると、「何を一人で忙しがっているんだ?」と思われ、関係が遠のいていきます。

忙しさは、人とのかかわりを怠る言いわけにはなりません。どんなに忙しくても、それを理由に不問に付されることなどない、僕はそう思います。

だから忙しくなりすぎぬよう、自己管理しなくてはいけない。仕事や暮らしのバランスをとらなくてはいけない。

万が一、忙しさの犠牲になるとしたら、自分一人にとどめるべきです。絶対に大切な人たちを巻きこんではなりません。

僕もいつも「バランス、バランス」と念じていますが、実際のところ、とても難しいことです。

忙しいときは意識的に、コミュニケーションの時間をとりましょう。

とても忙しいさなかに五分でも時間があいたら、僕はスタッフとおしゃべりをします。五分、十分というのは新聞を読んでいてもすぐに終わってしまう時間ですが、「コミュニケーションをとる」と決めれば、できることはいろいろあります。

予定外に仕事が一時間早く終わったら、次の仕事をやっつけてしまおうとせず、家に帰ったりもします。あいた一時間で家族とコミュニケーションをとるほうが、一時間ぶん仕事をすすめるより、はるかに大切だと信じているからです。昼間のミーティングがキャンセルになったら、友だちに会いにいくこともあります。

つまり、いくら忙しくても、どこかしらに隙間時間はあるということ。

仕事というのは油断すると、隙間時間にまでするりと忍び込んでくるということ。

だからくれぐれも用心して、大事な人とのコミュニケーションのために、隙間時間を大事に遣うようにしましょう。

仕事場でのおしゃべりも、家族や友人との語らいも、雑談だけではちょっと薄いようです。コミュニケーションが十分でないとき、相手は不安になっているのですから、それを取り除く努力は欠かせません。

僕の場合は、日常生活での小さな約束、話し合ったこと、相手が言いかけていたことについて、話すようにしています。

「〇〇さん、この間の件だけど、五分くらい話さない?」

こうすれば、「忙しいなかでも自分とのやりとりを憶えてくれている」と、相手は安心します。「今度ね」「考えておく」と言ったまま、宙ぶらりんにすることもありません。

これは家族でも友人でも同じだと思います。

この際、全部の話を憶えていられればいいのですが、忙しくて忘れてしまうこともあります。そんなときは正直に相手に聞きます。いちいちメモをするのでなく頭の中に置いておいて、忘れたときは素直に「忘れた」と言うほうが自然だと思っているからです。

肝心なのは、「置きざりにした会話」を放っておかないこと。忘れていそうだと思ったら、まずは相手にたずねましょう。

「この間、大事な話をした気がするんだけど、なんだっけ？」

「話しかけて、そのままになっていたこと、あったよね？」

すると、「そう、○○の話をしたよ」と教えてくれるので大丈夫。話の内容も大切ですが、「あなたを忘れていません、気にしています」という気持ちが伝われば、コミュニケーションは果たせたことになります。

「べつに大事な話なんてしてないよ」と言われたら、それはそれで自分が安心できるものです。

○忙しいときこそ、意識的にコミュニケーションの時間をとりましょう。
○大事な人とのコミュニケーションのために、隙間時間を大事に遣いましょう。

近づきすぎない

一緒に何かをすることでもなく、しょっちゅう会うことでもなく、お互いのすべてをわかちあうことでもありません。

何があろうと、ずっと友だちでい続けること。

これが最高の友情だと僕は思います。仲の良さとは、距離を縮めることではないと考えているのです。

つかず離れず、相手に侵入していかない。親しいからこそ、礼儀を忘れず、相手を尊重する。こうした距離をいつも意識していなければ、友情なんて長続きしないのではないでしょうか。

年月とともに、人も環境も変わっていきます。お互いにいろいろなことが起きるから、お互いの距離も伸びたり縮んだりします。

学生のときは双子のようにぴたりとくっついていた二人が、仕事や結婚を経て少し遠のき、やがて何かのきっかけでまた近くなるといったことは、多くの人が経験しているでしょう。

諍《いさか》いや考え方の違いでも距離は変わりますし、とりたてて理由もなく、距離ができることもあります。ずっと大切にしたいつながりであれば意識的に、遠ざかれば近づき、近づきすぎたらちょっと退《しりぞ》くことも必要です。

「自分とこの人の距離感は、どのくらいがちょうどいいのだろう?」

僕はつねにそのバランスを、考えるようにしています。当然ですが、「相手にとっての心地いい距離」についても、思いを巡らせるようにしています。

ある仕事で二週間ほど、海外取材に出たことがあります。クライアントと二人きり、朝から晩までずっと一緒の旅です。彼はごく感じがいい人で、仕事もうまくいき、僕は快適に帰国しました。

ところがあるとき、別の人から、彼がこう言っていたと聞きました。

「松浦さん、二週間も一緒にいたのに一度も心を開いてくれなくて。僕は一生懸命、個人的な話をしたり、内面的なことも打ち明けたけれど、彼はそんなことがまったくなかった」

僕は、なるほどと思いました。彼を今でも友だちだと思っているし、つきあいも続いていますが、僕と彼とは求めているものが違うということがわかったのです。

僕は彼に心を開いています。しかし、個人的なことを告白しようとは思いません。

秘密を共有したり、打ち明け話をして親しくなる人は多いようですが、「自分の心のうちは、自分のなかにしまっておけば良い」というのが僕の性分なのです。

自分がどういう人間で、相手とどのくらいの距離をとってつきあうのがちょうど良いのかをお互いに表明しておくこと。その大切さを改めて感じた出来事でした。

二人で会うのは一カ月に一回がいいのか、一週間に一回がいいのか。

心の距離感は、どの程度が心地よいのか。

つきあいはじめはたいてい距離がぐっと近づくものですが、やがて自分らしさが出てきたときにギャップが生じないように、準備しておきましょう。たいていのことは話し合いで解決します。べつに条件を挙げるというわけではありませんが、理解し合う努力は、どんな関係においても欠かせないことです。


人とあまり近づかない、仲良くしすぎないと表明している僕でも、一カ月に一度、必ず会ってお茶を共にする相手がいます。

時折、「今月はすごく忙しいから、時間がつくれるかな」と思うこともありますが、そもそも自分が望んで決めたこと。自分が一度決めた約束であれば、続けていくのが当然です。そもそも、最初からその覚悟でその人とのつきあいをはじめたので、この先もずっと、会い続けるだろうと思います。

「友人関係に、そんな堅苦しいことを」

あなたがもしそう感じるなら、とても幸運な人です。

友情というのは絶対にみえて、案外こわれやすいものです。自然に続いていく友情などありません。

距離を測るとは、関係を守るための努力です。お互いが友情を守り、育てている二人だけが、ずっと友だちでいられるのでしょう。

○つかず離れず、ちょうど良い距離を意識する。それが、長い友情の秘訣です。

○友人関係にも覚悟はいります。友情を守り育てる二人だけが、ずっと友だちでいられるのです。

見返りを求めない

「自分がそうしたいから、勝手にそうした」

夫婦でも、親子でも、恋人でも同じです。

仕事の上司にも、後輩にも、友だちにも当てはまります。

親切も、気遣いも、手助けも、すべては相手への愛情表現。あなたが自分の意志で、やりたくてやったことです。なにがあってもそれに対して、相手からの見返りを求めてはなりません。

見返りというと物質的なことだと思うかもしれませんが、もっと重たいのが気持ちの見返りです。

「私が、こんなにしてあげたのに、なんでなにもしてくれないの」

「ずいぶんがんばっているのに、僕の気持ちを、ちっともわかってくれない」

時折、こうした不満を漏らす人がいますが、僕にいわせれば筋違い。ひとりよがりで、実にわがままな考え方だと思います。

誰かが縛り付けたり叩いたりして、無理矢理あなたになにかをさせたのでしょうか？

「ぜひ○○してくれ」と、意に添わないのに強引に頼まれたのでしょうか？

たぶん、そんなことはありません。

たとえ大変な苦労だったとしても、それをやると決めたのは、あなた自身です。そもそも自分がやさしくしたいから、その人になにかしてあげたいから、その表れとして行動したはずです。だったらそれだけで、十分ではないでしょうか。

相手が応えてくれようとくれまいと、自分の幸せとして親切にする。尽くす。力を貸す。このスタンスが守れない人は、いっそなにもしないほうがいいくらいだと、僕は思います。

「してあげた」「やってあげている」

少なくともこうした言葉は、自分の中から消してしまいましょう。

立場をスイッチして、相手からなにかしてもらったときは、話はまるで別です。

とはいえ、「お返しをする」というのはダイレクトすぎるきらいもあるので、僕は感謝の気持ちと報告を忘れないようにセットにしています。

なにかを教えてもらったときは、素直に喜んで耳を傾け、「ほんとうにありがとう」と一生懸命に感謝を伝えます。

そして後日、「教えていただいたことを、こう役立てています」あるいは「勧めてくださった本を読んだら、こんなことに気づきました」という報告をするのです。

「ありがとう」は、相手がプレゼントしてくれたなにかの種子を、大事に受け取りましたという報告です。でも、これだけでは十分とはいえません。

いただいた種をきちんと育てて、芽ぶかせ、花を咲かせる。ここまでのプロセスを相手に報告しながら、その都度お礼を言う、このくらいでちょうどいい気がします。

この際、反応は早ければ早いほどいいのです。

わからないことを教えてもらったら、その日のうちにさらに深く学びはじめる。そのくらいの意気込みで、自分が言ったことを吸収しようとしていると知れば、教えた側はていねいなお礼を言われるよりうれしいのではないでしょうか。

こうなると、またなにかを教えてもらえるし、「また会おう」という関係になれます。

○相手が応えてくれようとくれまいと、自分の幸せとして親切にしましょう。
○相手からなにかしてもらったときは、感謝と報告をお返しします。

急がない

「それはそうと……」

「ところで、あの話だけれど……」

あなたはこうやって、人の話の腰を折ってはいないでしょうか？

雑談でもミーティングでも、人の話を遮ってまで、自分の話をしようとする人が多すぎる気がします。

相手がまだ話し終わっていないのに強引に別の話をしたり、人の話に途中で割り込んだり。おそらくこれも、自分が場をコントロールしたい、支配したいという「我」の表れなのでしょう。

せっかちだから、時間がないから、だらだら話す人を遮りたくなるかもしれません。しかし、話が多少長引いたところで、たかが知れています。

あらゆる人間関係は、話をきちんと聞いてさえいれば、うまくいくもの。

恋愛関係でトラブルが起きるときは、たいていどちらかが話をちゃんと聞いていません。聞いているふりで上の空だったり、その場を早く終わらせるためのいい加減な相槌を打っていたりするから、こじれるのです。

謙虚になって、相手の話にひたすら耳を傾けましょう。急がずに、じっくり、ただ聞いてみましょう。そうすれば、お互いの間に流れる空気は確実に変わります。

たとえ仕事でも、人間関係に効率を求めてはいけません。あくせく急いでうまくいく仕事など、ないものと思っていいでしょう。

「せっかく時間をやりくりして、電車を乗り継いで来たのだから、この日のうちに自分を知ってもらいたい。会社についても話したい。商品についてもわかってほしいし、できれば仕事の依頼も完了したい」

この調子でせっかちに打ち合わせを始めたら、相手は引いてしまいます。目的は、一度に一つはたせたら上出来。このくらい、悠然とかまえましょう。

僕は外国人との仕事でも、同じことをします。海外まで旅費と時間をかけたぶんの効率を求めて、全部一度で済ませたくはなりますが、やろうとしたところで無理なのです。

だから、まず行って話をしてちょっと親しくなり、その次にもう少し深い話をしてお互いをよく知り、その次に仕事の話に入って、という具合に、何度も何度も足を運ぶことになります。まどろっこしいと感じる人もいるかもしれませんが、このプロセスがあるからこそ、相手も心を開き、助けてくれます。

あるとき、何度も訪ねていった相手に聞かれたことがあります。

「きみはわざわざ日本から、何度も何度も来て、大変だな。一回で済ませようと思えば済ませられるのに、なんでそういうふうにしないの?」

たぶん、何度も来る僕を、気遣ってくれたのでしょうが、こう答えました。

「それは僕の方法じゃない」

「急がない」態度は、一回の打ち合わせにおいても同じです。会ってすぐに本題を切り出すのはあまりにビジネスライクだし、なにより「その次」につながりません。

たった一回、何かをして終わる関係ならいざ知らず、関係を続けていきたい、絆をつくりたいのなら、ゆっくり相手の話を聞きましょう。

人を訪ねていって本を売っていた頃の僕が受け入れてもらえたのは、しばらくのあいだ、ただひたすらおしゃべりをしていたからだと思います。持参した本を見せることすらせず、相手の話をじっくり聞いて大いに面白がり、できれば自分を知ってもらえるようにと、いろいろな話をしました。

この「無駄な時間の無駄話」で関係の土台ができていたから、やがて本を買ってくれる人が出てきたのでしょう。そこから文章を書いたり、編集をしたりといった、いろいろな可能性が生まれていったのだと感じています。

○あらゆる人間関係は、話をきちんと聞いてさえいれば、うまくいくものです。
○人間関係に効率を求めてはいけません。無駄な時間の無駄話が関係をつくります。

断られ上手になる

お願いや頼みごとは、人とのつきあいについて回ります。

どちらか一方が頼んでばかりという関係はなく、頼むことも、頼まれることもあるのが普通です。

自分がお願いする側に立つのであれば、断られ上手になりましょう。

「どうしても、この仕事に力を貸してほしいんです」という頼みごとでも、「ねえ、一緒にランチに行かない？」という軽い誘いでも、相手が気楽に断れるようにする。

ちょっとばかり高等技術ではありますが、心地よいつきあいを長く続けるには、覚えておいてもいいことです。

「申し訳ないけど、その仕事は引き受けられない」

「今日の昼休みは、ちょっとやることがあって」

何か頼んだり誘ったりしたとき、断られることも多々あるはずです。断ったからといって、相手はあなたを嫌っているわけではありません。人にはいろいろな事情があります。

断られたからといって、逆恨《さかうら》みのごとく相手を嫌うのもいけません。頼みごとでも誘いでも、自分の思いどおりにはいかなくてあたりまえなのですから。

だからこそ僕は、断られ上手になりたいと思います。頼みごとをするなら相手が楽に断れるようにしておきたいと、いつも気をつけています。

逆の立場で考えればすぐわかるとおり、断るというのはしんどいことです。「断ったら、傷つけてしまうかもしれない」とか「自分が悪者みたいで後味が悪い」と感じつつ断ることも多々あります。

自分が何かを頼んで相手にそんな思いをさせたら、長くつながり続けることは難しくなります。また、一回誘いを断っただけで気まずさが生じたら、「この次」がなくなります。

たとえ返事が「NO」でも、言うほうも言われるほうも、さらりと流せるようにする。これが断られ上手が目指す場所です。

断られ上手になるとは、最初から腰が引けた調子でいくことではありません。

「たぶん無理だと思うのですが、この仕事をお願いできませんか？」

「もしかして、気が向かないかも。イヤだったらイヤって言ってくれていいけど、ランチに一緒に行かない？」

こんなふうに妙にへりくだるくらいなら、何も頼まないほうがいいし、そもそも誘うべきではありません。最初から「断られる」というシナリオを描いて演じるなど、卑屈な一人芝居だと思います。

断られ上手になるためのレッスンは、アドリブをきかせること。

最初は一生懸命に頼んだり誘ったりするけれど、なんとなく「ああ、むつかしいんだな」と感じたとたん、アドリブをきかせてさっと引くのです。

超能力なんてなくても、「むつかしい気配」はわかります。よく観察し、ちょっと想像力を働かせるだけでいいのです。

「ああ、曖昧に笑っているな。乗り気じゃないんだ」

「なんとか傷つけないように、断る言葉を探しているな」

表情。声の調子。仕草。言葉遣い。プライベートな関係はもちろん、仕事関係でも察することは可能です。

むつかしいとわかったら、相手がうまい台詞を見つけるまでただ待ってはいけません。

「まあ、お忙しいことは承知していますから、今回の件が難しかったら次の機会に」

仕事であればこのように受けて、話題をさりげなく変えてもいいでしょう。

「時間がないなら、ムリしないで。今日は一人でランチに行くからさ」

言葉自体を工夫するというより、気軽な調子でぱっと引くというタイミングのはかり方も、アドリブの一種です。

すぐに察知して、追いつめないのも、思いやりです。断られ上手になるとは、思いやりがある人になることです。

断ったほうは「ストレスなく、やりとりさせてもらった」といい印象をもち、「次は引き受けよう」と思うかもしれません。「今度は私がランチに誘おう」と考えることもあるでしょう。

これほどはっきりした因果関係を描かなくても、相手に楽をさせることが、まわりまわって自分にもプラスになります。

断られ上手になる練習を積むと、断るほうも上達する気がしています。

断られるも断るも、一枚のコインの裏表。つねに立場が入れ替わるのが人間関係で、かわるがわる断り役や断られ役を演じているようなところがあります。

上手な断り役になるコツは、スピード。一瞬のためらいもなく、すぱっと断ることです。無情なようにみえて、これがおそらくベストウェイでしょう。

「しばらく考えさせてほしい」

「まだわからないけど、もしかしたら行けるかも」

曖昧な答えはすべて、相手を引っ張ることになります。

待つ間、相手はいい返事を期待する、もしくは「断られるんじゃないか」という不安を募らせることになります。その延長線上にNOをつきつけるというのは、同じ断るにしても、むごいやり口だと僕は思います。

いくらスピード重視といっても、話の途中で断るのはいけません。最初からOKできないとわかっていたとしても、「こういう事情で、○○をあなたにお願いしたい」という話には、きちんと耳を傾けましょう。それから謙虚な気持ちで、素早く、はっきりと断ること。その話が二度と蒸し返されないくらい、意志をきちんと示すことです。

どんな願いや頼みでも引き受けられたら、いかなる誘いにものれたら、人間関係はハッピーになるでしょうか？　そんなのはあり得ない話です。

お金を貸してほしいと言われても、貸す余裕がないこともあります。金額的には貸せても、金銭のやりとりで気まずくなるのがいやで貸さないこともあるでしょう。

人にはできないことがあって当然だし、相手の望みに応えられないのは、自分自身の力不足でもあります。

できないことが自分のなかにあってもいいし、それで終わる関係なら、しょうがないとあきらめる。断り役は、潔《いさぎよ》さも備えておかねばなりません。

○相手が断りたがっているなら、潔く引きましょう。そのほうが、次につながります。
○自分が断る立場なら、謙虚な気持ちで、素早く、はっきりと意志を示しましょう。

気を利かせない

「こういうふうにしたら、相手はどんな気持ちになるだろう？」

どんなときにも想像力を働かせ、思いやらなければ、人とつながり続けることはできません。気遣いがない人は、よい関係を築けないものです。

そうはいっても、気遣いには「品」が必要です。

あまりに気を利かせすぎると、思いやりや気遣いが、いつのまにか、おせっかいや押しつけに変わってしまいます。

たとえば食事の席で相手の箸があまり進んでいないのを見て、「これはとてもおいしいですよ。さあ、食べてください」と、取り分けたらどうでしょう？

お母さんと子ども、ごく親密な夫婦や恋人なら別ですが、それ以外の関係では、あきらかにおせっかいです。

相手は体調が悪いのかもしれないし、その料理があまり好きでないのかもしれません。あるいは、自分のペースでゆっくり食べているだけかもしれません。

思うに、あらゆる気遣いは、言葉に出した時点でおせっかいに変わるのではないでしょうか。「私は気が利くし、ちゃんとあなたを気遣っていますよ」という気持ちが露骨に表れ、押しつけになってしまうと感じます。

また、気を利かせすぎると、相手の負担になります。「この人は過剰に気を遣っている」と感じると、自分の気持ちを先回りして読まれているようで、息ぐるしくなってしまうのでしょう。

態度でさりげなく示すだけにとどめる。決して目立つことのない、こんな品のある気遣いができる人間でありたいと僕は思っています。ゆめゆめ押しつけてはならないと、ときどき自分に注意しています。

ときには気がついていても、気がつかないふりができる。これができてこそ、ほんとうに気が利く人なのかもしれません。

僕たちはまた、気遣いを道具にしてしまうこともあるので、これも用心せねばなりません。

「この人と仲良くなりたい」

「いい関係を築いて、次の仕事につなげたい」

はっきり意識していなくても、下心がある気遣いをしている自分に、どきりとしたことはないでしょうか。

仕事では、自分のポジションを有利にするために、しなくてもいい心配りをする人がいます。友人とのつきあいでも、自分をよく見せたい、自分の主張を通したいという下心で、気を利かせていることは案外、多いのです。

下心から生まれた気遣いは、必ず相手にそれとわかってしまいます。

「あっ、この人は裏があって気を利かせているんだな」

そう感じると、たいていの人は傷つきます。

つまり、これほど失礼なふるまいはないということです。

気の利かないぼんやりした人になるのもいただけませんが、気を回しすぎて相手に負担をかけ、結果として傷つけるのは同じこと、いくら気をつけても気をつけ足りないことだと思うのです。

○思いやりや気遣いも、度を超すとおせっかいや押しつけに変わってしまいます。

○気を回しすぎて相手の負担にならないよう、気遣いには「品」が必要です。

ユーモアの効用

人と人とのやりとりは事務的な連絡ではないのですから、「伝わればいい」という構えでは成り立ちません。心と心のふれあいだということを、忘れずにいたいものです。

やりとりを円滑にしてくれるのは、ユーモア。お互いが笑いっぱなしで話が終わる、そんな関係になれたら最高です。

特別気の利いたユーモアでなくたって、かまいません。だじゃれでも、親父ギャグでも、場を和《なご》ませる一言を発する。これがさらりとできたら、本物のすてきな大人ではないかと思います。

まだまだその域に達していない僕が憧れている方がいます。年齢的にも、実績からいっても、まさに「先生」という呼び名がふさわしい方ですが、ほんとうに素直で謙虚です。僕のような二十歳以上も年下の人間にも、まるで衒《てら》いなく「会えてうれしい」という態度で接してくれます。
笑顔を絶やさないその方のお話は、面白くてもう何時間でも聞いていていたいほど。

「松浦くん、できる男の条件って、わかる？」

あるときこう聞かれたので、僕は「わかるようでわからないから、言葉にできません」と答えました。するとにやりと笑って言いました。

「一番の条件は、とっても頭が良くて、とっても行動力がある男ってことだな」

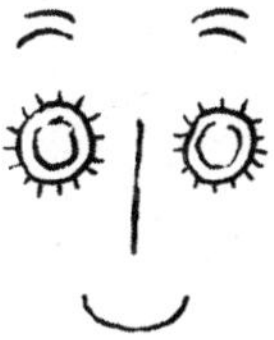

もちろん、そのとおりです。僕はうなずきました。

「二番目の条件は、まあまあ頭が良くて、まあまあ行動力がある男だ。そこで松浦くん、三番目はわかる？」

「三番目はちょっと頭が良くて、ちょっと行動力がある男ですか？」

答えると、そのとおりという返事。

なんだ、結局は頭と行動のレベルの話じゃないかと僕が思っていると、「じゃあ、最悪の男って、わかるかい？」とたたみかけます。

「そうですね、最悪の男は、頭が悪くて行動力がない人でしょう」

そう言うと、その方はしめたとばかりに言いました。

「いいや、最悪の男は、頭が悪くて行動力のあるやつだよ。頭が悪くったって、おとなしいやつは害がないからとくに問題はない。困るのは、悪い頭で考えたことを行動に移して、それで人を巻き込むやつさ。こんな男がいたら、大変な目に遭うぞ」

すっかり感心した僕は、すてきな女性の条件も聞いてみました。

「いい女っていうのはね。まず、とびきり頭が良くなくっちゃいけない。だけど、それを表に出しちゃいけない。頭がめちゃくちゃ良くても、それをひけらかさない愛嬌のある女が最高だね」

自分が知っていることを面白おかしく、ちょっとした小咄《こばなし》のように聞かせてくれる洒脱さに、僕はすっかり夢中になってしまいました。

その方のような「名人芸」は難しいにしても、心を開き、自分のちょっと変な部分を見せることも、ユーモアにつながります。短所も隠さず、お互いがどんどん裸になって語らえば、自然と笑いも生まれます。

○人と人とのやりとりを円滑にしてくれる、ユーモアを活用しましょう。
○場を和ませる一言を発する。これがさらりとできたら、本物のすてきな大人です。

第3章

うまくいかないとき

～大切なのは引き返す勇気～

ひきずらない

いつもイメージするのは、「泳いでいく自分」です。

海のなかでいろいろな人に会い、いろいろなものを見つけ、経験を重ねます。大切なものに出会えばもっていきます。

しかし、あまりにものが多くなると、重すぎて自分がおぼれてしまいます。

前に進み、行きたいところまで泳ぎ抜くには、手放すことも必要です。

また、前から突然大きな波が来たら、いつも立ち向かっていくのではなく、よけたほうがいいこともあります。

「泳いでいく自分」をイメージするようになったのは、たぶん僕が気にしやすいたちだからでしょう。

相手のちょっとした一言や、何気ない態度にいちいち反応し、「あれ、この人、僕のことを嫌っているんじゃないか」と気に病む。「あんなことを言ってしまって、自分はなんて馬鹿なんだ」と、くよくよする。

以前はこんなことが、しばしばありました。

僕がはっとしたのは、池澤夏樹さんの『スティル・ライフ』(中公文庫)を読んだときです。


この世界がきみのために存在すると思ってはいけない。世界はきみを入れる容器ではない。

世界ときみは、二本の木が並んで立つように、どちらも寄りかかることなく、それぞれまっすぐに立っている。

きみは自分のそばに世界という立派な木があることを知っている。それを喜んでいる。世界の方はあまりきみのことを考えていないかもしれない。


僕が思うほど、誰も僕のことなんか考えていない。そう思ったとき、気持ちがずいぶん楽になりました。

会う人に不快感を与えないよう、身だしなみを整えることは大切です。しかし、細部にわたって靴下の色まできちんとコーディネイトしても、会う人はまったく気づいていないことはよくあります。自分が気にするほど、相手は気にしていない、こう思うと楽になります。

逆の立場で考えれば、自分が生きていくだけでもいささかハードなのに、会う人すべての髪型やシャツの襟を気にしていたら、疲れてしまうし、身が持たないでしょう。

同じように、「こんなこと言ってしまって、あの人は傷ついたかな？　僕の態度は、へんじゃなかったかな？」と気に病むこともよくあります。人とのやりとりの、ごく細かい部分までが、気になってたまらなくなるのです。

僕はそれが高じて、あとから謝ったこともあります。

「この間は、ごめんね、いやな態度をとって。ちょっと僕はどうかしていたみたいだ」

ところが、相手はみな、意外な反応を示しました。

「えっ、なんのこと？　そんなことあったっけ」

誰も気づいていないし、もしかしたら忘れてしまったのかもしれません。いずれにしろ、自分が気にするほどのことではなかったのです。

「すべてに鈍感であれ」などとは言いません。繊細に、緻密に、細心の注意を払って、人づきあいはなされていくべきです。

それでも時には、「ひきずらない」という強さを覚えておきましょう。出会う人すべてを気にしていては、僕らは広い海でおぼれてしまうのですから。

○相手のちょっとした一言や、何気ない態度を、気にしすぎないようにしましょう。

○人づきあいは、繊細に、緻密に、細心の注意を払ったら、それ以上はひきずらないのも手です。

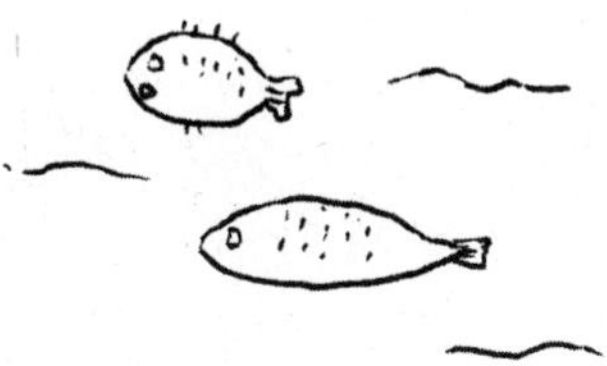

つられない

初対面でも、何度か会っていても、感じが悪い態度をとる人はいます。愛想がない、つっけんどん、ていねいすぎる、傲慢。少なくとも、好意的でないとはっきりわかるような態度です。

悪意があるのか無意識なのかはわかりませんが、やりにくいことは確かです。

コミュニケーションとは愛情を伝えることだし、「あなたに会えてうれしい」と全身であらわしたいと思っている僕ですが、こんな人に出くわして、むっとしそうになることもあります。

この場合、道は二つ。相手と同じ態度をとるか、それとも自分のいつもの基本スタンスを貫くか。

両方試したことがありますが、圧倒的に後者のほうがいいのです。いくら感じが悪い相手でもそれにつられず、自分だけは愛情を伝え続ける。負担が大きいように感じるかもしれませんが、これこそ自分を守る方法です。

なぜなら、いやな態度につられると、いやな人間関係の連鎖がはじまります。相手の感じの悪さと同じくらい、自分も感じが悪くふるまうと、相手はもっと感じが悪くなります。二人の間の感じの悪さが高まっていくと、周りの雰囲気までどんよりします。そんななかで、幸せに心地よく過ごせる人は、滅多にいません。

また、相手の「感じの悪さ」には、さまざまな事情があります。

疲れている、たまたま機嫌が悪い、いやなことがあった直後など、たとえ親しい間柄でも、人には他人にはわからない背景が必ずあるものです。単純に忙しさにかまけて、きちんと対応できないだけかもしれません。

それなのに過剰反応して、「なんだよ」という態度をこちらもとるのは、あまりにも短絡的ではないでしょうか。

「私が嫌いなのかもしれない、なにか怒らせるようなことをしただろうか？」と考えるのも、あまり意味がないことです。

どんなにいやな態度をとられても、愛情を伝えるとは、相手におもねったり、へつらうことではありません。感情的にならず、淡々と、いつもどおりに普通に接する。これだけで、波だっている相手の心を鎮める愛情表現になります。

相手がほんとうに悪意や怒りを抱いて攻撃しているなら、いずれなんらかのかたちでわかることです。それに対して「今すぐ」反応しなくても大丈夫。いいえ、むしろ相手が感情的になっているときは、流しておくのも一つのやり方です。

世界は善人ばかりではありませんが、悪い人というのも、そうそういるものではありません。

「なんとなく、むしゃくしゃする日」が、あなたにだってあるでしょう。そんなとき、軽く流していつもどおり接してもらったほうが楽なのは、相手も同じだということです。

ようするに、相手を思いやる気持ちが大切なのです。

○感じが悪い態度をとられても、いつもどおりに普通に接しましょう。
○感情的にならず、淡々と接するだけで、波だっている相手の心を鎮められます。

意見は違ってあたりまえ

じっくり比べてみたならば、右手と左手は違います。指のかたち。爪の大きさ。関節の太さや、しなり具合。自分の手ですら違うのですから、人がみんな違うのは自然なこと。意見が違う、合わない、というのも当然のことです。

家族だから、同じコミュニティに属しているから、友だちだから、恋人だから、同じ会社で一緒に働く者同士だから。たったそれだけの理由でみんなの意見が一致するなど、あり得ない話だと思います。

「私はこう思うんだけど、あなたも同じだよね？」

たびたび確かめて安心したくなる気持ちはわかりますが、あまり意味がないと思います。

「えっ、あなたは〇〇だと思わないの？」

自分一人だけが、意見の違いを指摘されたとしても、気にする必要はさらさらないと感じます。

無理に合わせるほうが不誠実だし、関係を歪《ゆが》ませてしまいます。

「人はみな違うし、意見も違う」

この前提をつくってしまうほうが、コミュニケーションはうまくいきます。意見が食い違ったとき、一大事のごとくあわてふためかずともすむのです。

注意したいのは、たとえ意見が対立しても、そのことで相手を嫌ってはならないということ。くれぐれも過剰反応してはいけません。その人の意見と人格はわけて考えれば、過ちを防ぐことができるでしょう。

それでも、恒常的に意見が対立する人もいます。たとえば会社の組合と管理側、企画と営業など。いつも深刻とは限りませんが、しばしば敵と味方に分かれます。

しかし、組合と管理側も、企画と営業もそもそも同じ会社の人間です。いっとき敵・味方に分かれたとしても、相手の存在をゼロにすることはできません。

「あまり仲はよくないけれど、断ち切れない関係」

人と人とのつながりには、こうした関係もあります。

会社に限らず、いつも意見がぶつかる人がいれば、理解できなくてもよく相手の話を聞きましょう。同調しなくてもかまいません。「やっぱり違う」と思ってもいいのです。ただ、相手を一人の人間として尊重するようにしましょう。

僕たちは、人のつながりの網目の中で生かされているのですから、倒れたときとっさに頼る相手は、その「敵」だけということも、あり得ます。

「きみは敵だから、倒れようとどうしようとかまわない」と放っておかれるのか。

「意見は合わないし、好きではないけれど、きみの人間性は認めている」ということで、手を差し伸べてもらえるのか。

それは普段から、どれだけ相手を尊重しているか、相手に尊重されているかにかかっています。仲良しではなく、気も合わないけれど、つきあいは続けていく。そんな間柄を受け入れるのも、大人の知恵だと思います。
○人はみな違うし、意見も違う、この前提をつくってしまったほうがうまくいきます。
○意見は合わないし、好きではないけれど、受け入れる。これは、大人の知恵です。

不満を言わない

自分の気持ちを言葉にするのは、大切なことです。

ことにネガティブな感情であれば、表に出すことで、心にわだかまっていたもやもやが消えることもあります。

それでも、ほどほどにしておいたほうがいいでしょう。ことあるごとに不満を口にする人と一緒にいて、「ああ、楽しい」と思う相手など、いやしないのですから。

友だちとカフェでお茶を飲んでいるだけでも、不満をいくつも並べる人がいます。

「冷房が効きすぎる、注文を取りにくるのが遅い、お菓子が甘い、コーヒーが薄い」

もし、全部がそのとおりだとしても、いちいち不満を言ったら、カフェでのひとときは、ずいぶん不愉快なものになるはずです。自分の感情を遠慮なくぶちまけることで、場を乱してしまうのです。

もしかすると一緒にカフェにいる別の人は、「空調はちょうどいいし、お菓子もコーヒーもおいしい。注文を取りにくるのが遅い？　話に夢中で気がつかなかったな」と思っているかもしれません。

自分一人の都合で不満の雨を降らせ、周りのみんなをびしょぬれにする権利など、誰にもないと僕は思います。

不満を言う人の厄介な点は、あらゆる状況に不満のタネを見つけ出すこと。仕事でもプライベートでも、最初のうちは状況や条件についてあれこれあげつらいますが、やがて「犯人探し」が始まります。

「○○さんがああだから、うまくいかない」と、最終的には誰か一人の責任にし、その人を追いつめなければ気がすまなくなるようです。

人のせいにすると、不満攻撃はさらに激しさを増します。ターゲットが決まったので、あれこれ言いやすくなるのでしょう。

人のせいにするとは、自分ではなにもできなくなることでもあります。

「今、私が苦労しているのは、○○さんのせいだ」と言ったとたん、主導権は○○さんに移ります。すなわち、自分が状況を変えようとしても、変えられなくなってしまうということ。被害者意識を振りかざすと話し合いもできないので、不満のもとの解決もおぼつかなくなります。

こうして考えていくと、不満はストレス発散どころか、自分も相手も蝕《むしば》む毒にしかならないものかもしれません。

不満というのは非常に個人的な感情です。個人的でしかもネガティブなことは、社会のなかで大人が言うべきではないと僕は思います。

なにか不満を感じたら、ぐっと口を閉ざしましょう。ぶつぶつ言ってすっきりする前に、自分を振り返ってみましょう。

「不満を並べ立てられるほど、自分は完璧なのか？」

自問してみてイエスと即答できる人は、そんなにいないだろうと思います。

不満を言わぬように自分を律する。

これはなかなか難しいことですが、自分を甘やかして生じる毒から、自分を守る方法でもあります。

○ことあるごとに不満を口にする人と一緒にいて、楽しいと思う相手はいません。

○うまくいかないことを人のせいにすると、自分ではなにもできなくなります。

逃げ道をつくる

相手から返事を求められたとき、「イエス・ノー」は素早くはっきり言うべきだと書きました。即答というのは、すばらしいことなのです。

しかし相手がなにかについて考えを述べたときは、そうでもない気がしています。

「私はこう思っていて、こうしたい」

仮に相手の意見が自分の考えと違っていたとしても、いきなり「それは違う」とノーをつきつけるのは、乱暴ではないかと思うのです。

「ちょっと違うだろう」と思っても、まずはじっくり聞いて、いったん受け入れる。

「へえ、そんなことに気がついたんだ。それはすごいね」と、ほめられるところを見つけて、その点はちゃんとほめる。

そのうえで、「でも、こういう考え方もあるんじゃない？」あるいは「この選択肢はどうだろう？」と自分の意見も付け加える。

このやり方だと、相手は素直な気持ちで存分に話してくれるし、自分では考えられないアイデアも生まれます。

話し合い、意見交換、ブレーンストーミングの基本は、相手をいっさい否定しないことだと思うのです。

それでも、話し合いの先に一つのゴールがあるなら、時として「ノー」を言うことになります。

新しく買う家のソファを、ストライプにするか真っ白にするかを話しあい、最終的に決めるのがあなたの役目なら、「ストライプがいい」と言い張る子どもに「ノー」を言わなければなりません。

会社の営業プランを提案しあっていて、最終的に後輩のアイデアに対して、「実現するのは難しい」と言わざるを得ないこともあるでしょう。

その人の考えに対して「ノー」を言うときは、逃げ道をつくっておくこと。なぜなら、意見や考えやアイデアは、その人の根っこから生じていることが多いもの。それを全否定されたら、いやになってしまいます。

「いまの家にはストライプのソファは似合わないけれど、ストライプって、ほんとうにかっこいいよね。自分の持ち物で使ってみたらどう？」

今回、ソファについて子どものアイデアは採用できないなら、その点には「ノー」を言うべきですが、ストライプが好きだという気持ちまで否定してはいけません。

「その営業プランは今回、見送るけれど、目のつけどころはすごくいいよね。別のタイミングで試せるかもしれない」

仕事のアイデアを殺してしまうのではなく、生かしどころを見つければ、相手も腐らずにすみます。モチベーションもキープできるでしょう。

トラブルが表面化して誰かと対立し、「ノー」をはっきり突きつける側にたつこともあります。全面的に相手に非があり、あなたはどれだけ責めても当然というような場合です。

そんなとき、たいてい相手は身構えています。

「こんなことをしでかしたのだから、今日は怒られて当然だ」

「どんなにしかられても仕方がないだろうな」

自分で自分が間違っていたことに気づき、手をついて謝りたいくらいの気持ちになっていることだってあるでしょう。

そんなときこそ、相手に逃げ道をつくりましょう。「そこまでは攻めない」と

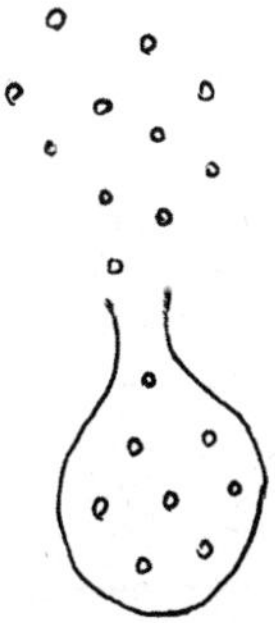

いうラインをあなたのほうが引いておき、攻撃の手を自分から引っ込めるのです。

「鬼の首を取ったように」という言葉がありますが、首など取らず、あえて淡々と紳士的に話をすすめるのが、品性あるふるまいだと僕は思います。

なにかあると嵩《かさ》にかかって怒る人、ありったけのノーを叩き付ける人と、その後も関係をつなげていこうと思う相手はいません。

また、逃げ道を残しておき、相手の生かしどころを見つけることで、目に見えない新しい絆が生まれることも事実です。

○アイデアに「ノー」を言うときは、全否定するのではなく、生かしどころを見つけましょう。
○全面的に相手に非があるときの「ノー」こそ、相手に逃げ道をつくりましょう。

目で伝える

何が何でも真剣に気持ちを伝えたいとき、言葉は役立たずになります。

一人の人間として、いいえ、生きものとして「これだけは、はっきりさせなくちゃならない」という感情は、目でしか伝わらないのです。

大事なことは目で伝える。僕はそう決めています。


何かトラブルが起きて、紳士的な態度ではとうてい解決不可能になったとします。語れば語るほど、気持ちと言葉がばらばらになっていきます。もどかしくて言葉を重ねれば重ねるほど感情的になり、男の場合、悪くすると拳を握りしめた喧嘩になります。


だからこそ、目で伝えましょう。「私はこういう気持ちでいます」と。

「この件については、あなたが思っている以上に真剣だし、あなたの対応の仕方

によっては、許しません」

僕は目を使って、ここまで伝えたこともあります。もし「許しません」などと言葉にしたら、とんでもないことになります。失礼きわまりないし、大人としての常識を超えてしまっています。

自分の立場と相手の立場。仕事などで利害関係があれば、「あなたがそんなことを言える立場ですか?」と相手に憤慨されるかもしれません。

いつも仲良くしている人やお世話になっている人なら、「そんなことを言うなんて、恐い人」と呆れられ、肝心の真剣な気持ちが伝わらないでしょう。しかし、目で伝えるだけなら心配無用。きついメッセージも、感情のありったけも、まるごとぶつけることができます。

誤解されたとき、心外なことを言われたときも、目で反論します。

「あなたのその態度は、ひどくないでしょうか?」

昔の話ですが、僕が目でこう伝えたとき、二十歳以上年上の相手はあきらかに怯《ひる》みました。お互い、気持ちはいっさい言葉にしていません。しかし、それ以上の真剣なやりとりを、僕らは目と目でかわしたのです。

言葉より強い力をもつのが、目の力。普段、言葉をかわすときも、まなざしに気を配ったほうがいいでしょう。

相手の目の強さ、目の印象は、何を話したかよりもくっきり印象に残るものです。目から発している気持ちと、口から出る言葉がちぐはぐになっていては、いくら熱く語っても、何一つ伝わらないということです。

○ほんとうに大事なことは目で伝える。僕はそう決めています。
○言葉以上に強い力をもつのが、目の力です。普段から、まなざしに気を配りましょう。

いない人の話をしない

悪口を言わないことは、できそうでできないことのひとつです。どうしても言いたいことがあるなら本人に直接言う。その場にいない人の悪口は、なにがあっても口にしてはなりません。そう心がけましょう。

ところが、どこまでが噂話でどこからが悪口かという線引きは、たいそう難しいのです。

何人かでおしゃべりをしていて、「そういえば、○○さんって」と、その場にいない人の話になることはよくあります。噂話に尾ひれがつくこともあるし、結果として悪口を言っていたりします。

誰かと話をしていて、いない人の話が出たとき、「これが悪口になるかどうか微妙だ」と案じた経験が、あなたにもあるでしょう。

Aさんがなんの気なしに尋ねたとします。

「ねえ、この間Bさんに会ったんだけど、元気なかったよ。最近、どうしているか知ってる？」

するとCさんが答えます。

「いや、私もほんとうに心配でね。どうもトラブルがあるみたいで、実は……」

この場合、Aさんにも Cさんにも悪意はなくても、Bさんのよくない噂をひろめることにつながります。また、自分がいないところでこうした会話がかわされていると知ったら、Bさんは不愉快になるでしょう。

ほんとうに心配しているのなら、その当人の気持ちを傷つけるようなことをしていいはずがありません。

誰かが悪口を言いはじめたとき、黙って聞いていることもあるでしょう。しかし、その場に一緒にいれば、あなたも一緒に悪口を言ったことになるものです。

週刊誌やテレビをみればわかるとおり、人は噂話に興じる癖があります。だからこそ、気をつけようではありませんか。

僕は、「あの人って……」と、その場にいない人の話が出そうになると、すぐに話題を変えてしまいます。悪口っぽくても、褒め言葉でもそうです。いい話ならなおさら、本人がいる前でしたほうがいいのですから。

相手が気軽に共通の知人の名前を出し、「○○さん、この頃どうしていますか？」と気軽に聞いてきたときは、「いや、ちょっとわからないですね」と答えます。たとえ昨日会ったばかりでも、しらん顔でとぼけます。些細なことであっても、その人にとっては言われていやなことがあるかもしれないのですから。
もし、自分が逆の立場だったら、そうしてほしいと思います。
「実は昨日松浦さんと会って……」
自分が知らないところで話題に上ってあれこれ噂をされていると、たとえどうでもいいことでも、いい気持ちはしません。

同じ意味で、ブログやツイッターも注意したいツールです。

自分の楽しみで自分のことを書くのはかまいませんが、勝手に人のことを書かないよう、慎みたいもの。たとえ親しい相手でも、悪意がないものでも、うかつに人のことを発信しないようにしましょう。自分の行動の一部始終を不特定多数の人に公開されたら、相手にいやな思いをさせるかもしれません。

僕は、どちらも利用していませんが、ブログやツイッターの「ちょっとした恐さ」はつねづね感じています。

○その場にいない人の話が出たら、褒め言葉でも、悪口でも、すぐに話題を変えましょう。
○ブログやツイッターでも、勝手に人のことを書かないように慎みましょう。

期待させない

友だちが、とてもかわいい犬を飼っています。人なつこく、誰かが来るたびに玄関まで大急ぎで駆けつけるような犬なので、みんなが頭をなでてやります。

耳のうしろをくしゃくしゃやったり、胴をぽんぽん叩いたり。来る人がみんなかまうので、犬もはしゃいで、大喜びです。

なのに僕は、その犬にさわったことがありません。黒い瞳でじっと見つめられても、盛大にしっぽを振っていても、手を出さずにいます。友だちも、周りの人も、そんな僕を見て不思議そうにしています。

「松浦くん、犬が嫌いなのかな？」と、思っているかもしれません。

実をいえば、僕は犬が大好きです。本当はその犬も、かわいくてたまらないのです。

それでも、さわりません。頭をなでることすらしません。

なぜなら、僕にはいつでも犬をかまう余裕があるわけではないから。

もちろん、暇なときは犬と遊べます。なでたり、かわいがったりすることはできるし、それは犬好きな僕にとっても、たいそう楽しいことです。

しかし、たまたま忙しかったり、気がせいているときは遊んでやれないでしょう。友だちとの用件が済んだら、挨拶もそこそこに、一目散に帰ってしまうと思います。

はたしてこの状況が、犬に理解できるでしょうか？

「あっ、この前、なでてくれた人が来た。また遊んでもらおう」と期待した犬は、慌ただしい様子の僕に無視されて、しょんぼりするでしょう。

いつもやさしくできないのなら、いっそ最初からなにもしない。

だから僕はかわいい犬を、ちらりとやさしく眺めるだけでいます。

犬と同列で語っては失礼なのかもしれませんが、仕事仲間にも友だちにも、同じようにしています。

期待させて、裏切るような失礼なことはしない。最初から期待させないように、注意しているということです。

たとえば僕は、飲み会が苦手です。お酒が飲めないし、大勢の人とわいわいやるのも苦手なのです。

それなのに周りに合わせて自分を曲げ、一度つきあったら、どうでしょう。

おそらく二回目の誘いには、「今度も参加してくれるだろう」という期待がふくまれており、断ったらその気持ちを裏切ることになります。

そんなことをしないために、僕は最初から「飲み会には行きません」とはっきりみんなに伝えておくし、実際に参加もしないのです。

あとからがっかりさせるより、よほどましだと思っています。

「どうして、もっとたくさん会ってくれないの」

「もうちょっと、私のことを考えてほしい」

もし誰かからこんな言葉を投げかけられることがあれば、それは相手の期待にあなたが応えていないということです。トラブルの原因は、あなたの側にあります。

男女の関係に限った話ではありません。同性でも、仕事の関係でも、案外たくさんある話です。

やさしさ。

なんとなく人に合わせてしまう癖。

自分はちょっと無理をしてでも、目の前の相手を喜ばせたいという親切心。

曖昧な態度。

こうしたあなたのふるまいが、相手を期待させてしまったのです。

相手はただ、それを素直に受け止めただけ。いまさら「期待しないでくれ」というのは、あなたの勝手であり、きつくいえば裏切りです。

もし、あなたが「自分ばかり要求されて苦しい」と感じているときは、相手のことを責める前に、「相手を期待させる原因をつくったのは自分だ。なにが悪かったのだろう?」とよく考えてみることです。

○期待させて、裏切るようなことはしたくありません。最初から過度な期待をさせないようにしましょう。

○相手の要求が苦しいと感じたときは、あなたが期待させた原因を考えてみましょう。

弱さを武器にしない

上司と部下。目上と目下。年上と年下。男と女。

決して固定ではないけれど、どちらかが「強い立場」で、もう片方が「弱い立場」という関係はあります。

強い立場を利用していばったり、相手を従わせようとするのは論外。パワーハラスメントと呼ばれ、ゆめゆめしてはならない恥ずかしいふるまいだと、誰でも知っています。

同じように、弱い立場を利用して自分の意を通そうとするのも、してはならないふるまいです。とくに人間関係がうまくいかないとき、自分の弱さに逃げ込んではなりません。

ところが、弱さを武器にする害については、あまり言及されることがありません。おそらく、それだけデリケートな問題だということでしょう。

僕はここで、あえて書いておきたいと思います。

なぜなら、僕らはみなそれぞれに、違う弱さを抱えているから。自分の弱みが、誰かの弱みよりも弱いなんてことはないから。

自分の痛みが、誰かの痛みよりも特別につらいなんてこともありません。

弱さも痛みも人と比べられるものではないし、最終的には一人一人が自分で抱えていくしかないのです。

もちろん、相手の弱さや痛みを想像し、思いやることは大前提ですが、自分の弱さや痛みを他人に押しつけることは、また別の話です。

弱さを人間関係の武器にするのは、厳しい表現をすれば、卑怯者のふるまいだと僕は思っています。

たとえば仕事でミスをした女性が「私は弱い立場なのだから、仕方がないことです」と言うのは、弱さを武器にする行為です。

女性はたしかに力もないし、男性に比べていろいろ大変な点はあります。しかしミスはほんとうに、「女性の弱さ」が原因で起きたのでしょうか？　その点を検証せず「女性だから」というエクスキューズを発したとたん、その人は仕事という土俵で話ができなくなります。

また、年配の人と若い人が話していたら、若いほうが知識不足なのは当然です。しかし、「もうちょっと勉強したほうがいいよ」と指摘された若い人が、「僕はまだ若いのですから、知らなくてあたりまえじゃないですか」と開き直り、若さを武器にその場を逃れようとしたらどうでしょう？

おそらく彼に何かを教えようとする人は、いなくなってしまいます。「若さ」という弱みを武器に変えるとは、自分の知識不足を補う努力を放棄したということと。これではいずれ若さが消え失せて〝武器〟がなくなってからも、物知らずのままになります。

心の病気を武器にする人も、このところ増えていると聞きます。

友だち同士でトラブルが起きて話し合おうとしたとき、片方が「ごめんね、私はうつ病だから。あんまりきついことを言わないで」と遮ったらどうでしょう？

これは極端な例かもしれませんが、「うつ病」をさまざまな心の弱さに置き換えて考えてみると、答えが見えてくる気がします。

「最近、ショックなことがあって」
「失恋したばかりで」
「家族関係がうまくいっていなくて」
「仕事が大変で」

なにか話し合おうとしたとき、あるいはあやまちを指摘されたとき、こうした心の弱みを武器に対応したら、相手はなにも言えなくなってしまいます。そこで人間関係はストップです。

弱さを武器にしたら、誰とも深いところでつながれなくなります。弱さを武器にするとは、弱さで自分の周りに高い城壁をはりめぐらせて、孤独に閉じこもる行為でもあります。

「私はつらいんだから、やさしくしてよ！」と訴えかけた相手も、同じ弱みを抱えていて、それを口に出さないでいるのかもしれないのです。自分の弱みだけにとらわれていたら、相手を思いやれない人になってしまいます。

孤独なお城が、ぽつんぽつんと、そびえ立つ世界。こんなに悲しい場所はないと僕は思います。

○弱さを人間関係の武器にするのは、やめましょう。
○弱さを武器にしたら、誰とも深いところでつながれなくなります。

引き返す勇気をもつ

恋人でも友人でも、誰かとかかわりをもったら、二人の距離がどんどん縮まっていくのがよしとされています。逆に「距離を置こう」となったら、すなわち縁を切るようなところもあります。お互いに向かって前進するか、すっぱり縁を切るか。人間関係は二つに一つしかないように思われています。

しかし、人と人との距離というのは、伸び縮みするものではないでしょうか。僕はある時期、それを学びました。

あるときは近づき、またあるときは遠のき、そしてまた近づくこともあるような気がします。

親しくなる過程で相手との距離は少しずつ縮んでいきますが、縮めれば縮めるほどいいとは思っていません。ある程度の距離感は保ちたいし、いつも個でありたいと願っています。

かつて、とても近しい友だちがいました。気も合うし、深い話もできるし、親友と呼んでいい間柄だったと思います。

ところが、いろいろなやりとりの中で、僕らはやがてうまくいかなくなりました。

約束を破らざるを得ないこと、彼の信頼を裏切ること。非は僕にありました。修復不可能なことを、してしまったのです。

「もう駄目だな」と、思いました。「こんなに仲が良くて、一生の友だちだと思ってた人とも、これでおしまいだ」と。

そのとき彼が、こう言ってくれたのです。

「出会った頃の二人に戻ろうよ」

知り合ったばかりでまだ親しくない、距離がある関係の二人。でも、つながりはある二人。

白黒つけて縁を切るのではなく、「グレーの関係」を提案してくれた彼に、僕は救われました。

グレーゾーンに引き返すならば、もしかしたら、また元の友だちに戻れるかもしれない。少なくとも、お互いをお互いの人生から「いなかったこと」にしなくてもすむのです。

親友という目的地を目指して歩き続けてきた二人が、引き返すこと。これはたいそう勇気がいります。だからこそ、その勇気をくれた彼に、僕は感謝したのです。

現実には、出会った頃の二人に戻れるわけではありません。スタート地点に戻って、また少しずつ親友になっていくというのは、おそらく、もう不可能でしょう。

しかし縁を切らなかったから、偶然出会ったときには挨拶をかわせます。笑って「元気？」と言い合えるのです。

大切な人を友だちリストから抹消せずにすんだこと。

グレーという第三の選択肢が与えられ、関係とは伸び縮みするものだと教えてもらったこと。

僕は今も、ありがたいと思っています。

仲違《なかたが》いをしなくても、「近づきすぎた」と思ったら、少し距離を置いてもいいのです。何もそれで、絶縁しようというわけではないのですから。

前に進むばかりが、迷わず歩いていく方法ではありません。時には引き返す勇気をもちましょう。その地図を破り捨ててしまわずに、もと来た道をもう一度歩いたっていいのです。

○人と人との距離は、伸び縮みするものです。
○「近づきすぎた」と思ったら、少し距離を置いてみましょう。

第4章

深めるということ

～ゆっくり時間をかけて見守る～

一年先を考える

人と人とのつながりにおいて、大切なのは対話です。

対話とは、一対一で、真正面から、相手と真摯に対峙するということ。

対話がなくなってしまったら、プライベートだろうと仕事だろうと、二人のつながりは終わりへと近づいていきます。

どんなに親しくても、わかりあっているつもりでも、対話を省いてはいけません。逆にいうと、「最近、ちょっとぎくしゃくしているな」という相手とは、意識して対話するようにしましょう。


対話は大切なものですが、即効性がある万能薬かといえば、違います。

結果を急《せ》いて対話をしても、つながりは強くならないし、うまくいかなくなった二人の間も、改善されはしないのです。

まず、対話をし、次に自分が行動してみせる。

対話を重ねると同時に、繰り返し行動で示さないと理解してもらえないことがたくさんあるということです。何度となくこの二つを繰り返すことで、ようやく相手も変わります。

人とかかわるときには効率などいっさい考えず、「つねに時間がかかるもの」と、腰を据えた態度でのぞみましょう。

「今日の午後、じっくり時間をとって話しあったから、明日にはいろいろなことがクリアになる」

ドラマのなかの出来事ではないのですから、こういうわけにはいきません。

僕は一回や二回で相手を説得しようと思ったことはありません。「わかりあえるまでに、何年かかるかな」というくらい、気長な構えではじめます。

人間関係は、今日や明日のことを考えるよりも、一年先のことを考えるとうまくいく気がしています。

「来年も、この人とかかわり続けていけるだろうか?」
「一年後、さらに深くつながっているためには、どうしたらいいだろう?」
「一年先のために、今、自分はどういう接し方をすればいいだろう?」

こうした自問をすれば、その場しのぎのつきあいはなくなります。

この瞬間、楽しくやるために調子を合わせる必要もなくなるし、一時的なトラブルを取り繕うために自分に嘘をつくこともありません。

「一年先」という長期的なものの見方が備わっていれば、なかなか変わらない相手に焦《じ》れる気持ちも消えていくでしょう。

たとえばあなたが誰かに挨拶をして、無視されたとします。勘違いかと思ったあなたは、翌日は挨拶にもう一言付け加えますが、何の返事もありません。あからさまな態度が二、三日続いたらどうでしょう。

「この人は私のことが嫌いだし、かかわる気もないのだろう」

おそらくこんな結論を出して、あきらめてしまうでしょう。しかし、その時点で二人の関係は終わりです。

ところが「一年先」という気長なスタンスで考えると、たとえ返事がなくても挨拶を続けることができます。人は一朝一夕に変わらないという事実を受け入れたとたん、「一年たったら、もしかしたら何かが変わるかもしれない」と考える余裕が生じるのです。

余裕があれば、いくら無視されても、毎日毎日、「おはようございます」を重ねることができます。コミュニケーションを素早くあきらめずにすむのです。

少なくとも、「相手は自分を無視する人だ」と決めつけず、「ここまで否定される理由は、ひょっとして自分にあるのかな」と振り返ることはできます。

実際に僕は、三年がかりでコミュニケーションをとろうとチャレンジし続けている相手がいます。今のところなんの前進もありませんが、長い目で見れば、まだ可能性はあると思っています。

一年先を考えるメリットは、なにより、自分の信じる心が損なわれないことかもしれません。

○人と人がわかりあえるまでには、何年もかかることでしょう。
○人間関係は、今日や明日のことを考えるよりも、一年先のことを考えるとうまくいく気がしています。

愛情のルール

人に言う必要はありません。手帳に書き付けなくてもいいのです。

自分のなかに、愛情についてのルールをつくりましょう。家族のルール、恋人のルール、夫婦のルール、友人のルール、仕事仲間のルール。

ルールとは自分がつくり、自分が守るもの。堅苦しいものではなく、大切な愛情を大切に扱うための道具として、ルールは役に立ちます。

人間関係は、「なんでもあり」になったらおしまいです。ところが、親しければ親しいほど、なしくずしという罠が増えます。できそうなのに意外とできていないことはたくさんありますから、ルールにして、用心したほうがいいでしょう。

一番目のルールは、笑顔でいること。

親しいし、いつも会っている相手だから、ありのままでいい。これは一つの真実ですが、「ありのまま」が仏頂面というのはいただけません。それはある意味、甘えです。

毎日かならず目にする光景は、とびきり美しくある必要はありませんが、心和むものであるべきです。

あなたは、相手にとって毎日の光景。ちょっぴり憂鬱な日でも、笑顔で「おはよう」と言う。「いただきます」と微笑む。これはそんなに難しいことではないし、相手も自分も気分がよくなります。

二番目のルールは、約束を守ること。

近しい人を、忙しさや日々の雑事の犠牲にしてはいけません。仕事のアポイントメントは絶対に守るのに、友だちや家族との約束を「まあ、いいか」で破っていないでしょうか。小さなことでも、きちんと約束を守るのは、すべての人間関係の基本です。親しくても礼儀はわきまえねばなりません。

三番目のルールは、きちんと謝ること。

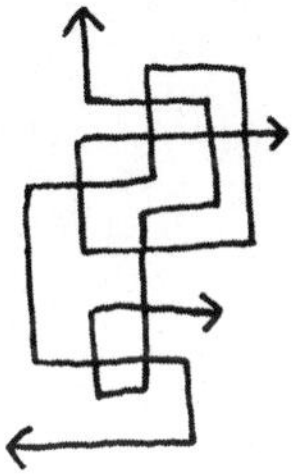

人は基本的に個であり、家族がいても、友人がいても、一人で立っている存在です。あなたはあなたの孤独を引き受け、相手は相手の孤独を引き受け、あなたはあなたの世界を守り、相手は相手の世界を守って生きています。

こうして考えれば、「親しいのだから、許してくれるだろう」という考えは、どこかおかしいと気づくはずです。大切な人とは支えあうこともあるでしょうが、なあなあになって甘えあうのは、互いを駄目にする依存です。

悪いこと、間違ったことをしたら、たとえ相手が子どもであってもきちんと謝る。これも忘れてはならないルールです。

四番目のルールは、愚痴を言わないこと。

悩みごとがあるとき、弱みをさらけ出せる相手がいることは幸せです。励ましてもらいたいことは、誰にでもあります。しかし、悩みを打ち明けるつもりが、愚痴になっていないかどうか、いつも気をつけるようにしましょう。

愚痴というのは現状への不満にとどまり、「じゃあ、どうするの？」という視点が欠けています。愚痴をこぼしたところで、なんの解決にもなりません。

愚痴のさらに困ったところは、言っている自分も聞いている相手も、いやな気分になること。大切な相手を、いやな気持ちを捨てるためのディスポーザーにしてはいけません。

悩みを話すのはいいけれど、あくまで事実を述べるだけにとどめましょう。どうするべきかをきちんと自分で考える、その矜持《きょうじ》は失わないようにしましょう。

五番目のルールは、失敗を恐れないこと。

「こうありたい」という理想や、「こうしたほうがいい」という指針はあっても、人間関係というのは有機的なものです。いのちある営みである以上、いつだってぐにゃぐにゃとかたちを変え、法則どおりにはいきません。

きれいごとはないし、すべてはケースバイケース。ぶつかっていって、関係のなかにどっぷり浸かるくらいの覚悟を決めましょう。自分を大切にし、同時に自分以外の存在にどれだけ愛情を注げるか、いつもチャレンジしましょう。

人とのかかわりは、思いどおりにいくことがほとんどありません。失敗したり、何かトラブルが起きたりして、あたりまえ。失敗したときが関係のスタートというくらいの覚悟でちょうどいいでしょう。

人間関係は、笑ったり泣いたりしてこそ、存分に味わえるものだと思います。

○人間関係は、「なんでもあり」になったらおしまいです。
○人とのかかわりは、失敗したときが関係のスタートだと思いましょう。

素のままでいる

いつでも、想像力を働かせる。

「こう言ったら、どう思うだろう？」と、先回りして相手の気持ちを慮《おもんぱか》る。どちらも人と人とのつながりにおいて、とても大切なことです。常にひと呼吸おいて発言するルールというのは、覚えておくといいと思います。自分をコントロールするとは、相手を思いやるためのたしなみといえるでしょう。

しかし、これはあくまで原則。

いつ、いかなるときも、原則を守るのが正しいとは限りません。こと家族間においては、ときどき外れたほうがいいと僕は思っています。

想像力のアンテナをひっこめて、素のままの自分でいること。

怒りたいときは怒る。

泣きたいときは泣く。

感情をコントロールせず、格好をつけず、取り繕わず、ありのままの自分でいるということです。

当然、いくら家族であっても相手を傷つけるようなことがあってはならないし、言わなくていいことを無理に言うことはないのですが、日常生活をともにする相手には、素のままで向きあうほうが、お互いに心地よく過ごせます。

また、家族のなかに子どもがいるなら、よくないことはよくないと、きちんと教えなければなりません。この際は言葉をよく吟味し、冷静な態度で教えることが基本ですが、ほんとうに大切なことは、感情をむき出しにしないと伝わらなかったりもします。

「本気で頭にきているんだ」

自分の思いをまるごとぶつけることでしか、教えられないこともあると覚えておきましょう。

家族との付き合いに関していえば、わが家の場合、そもそも時間帯が違いますし、休日に仕事が入ったり、出張があったりして、一緒にいる時間が少ないこともままあります。

そんなとき僕は、意識的に接点をもつことにしています。

ある程度の年齢になると、子どもは放っておいてもいい状態になりますが、夫婦間ではケアしあうことも大切だと感じているからです。

とはいえ、頭の中が仕事でいっぱいだったりすると、なかなか立ち入った深い話はできません。しかし、一緒にいるだけでとれるコミュニケーションもあるのです。

たとえば家族が台所やリビングにいるなら、自分も台所やリビングにいるようにします。どんなに疲れていても、自室にこもって本を読むようなことはしません。

近い場所にいれば、何の気なしの話ができます。何の気なしの話から、相手について見えてくることもたくさんあります。家族も、改めて言うほどではないことも、すぐそばにいれば気軽に話せるようです。

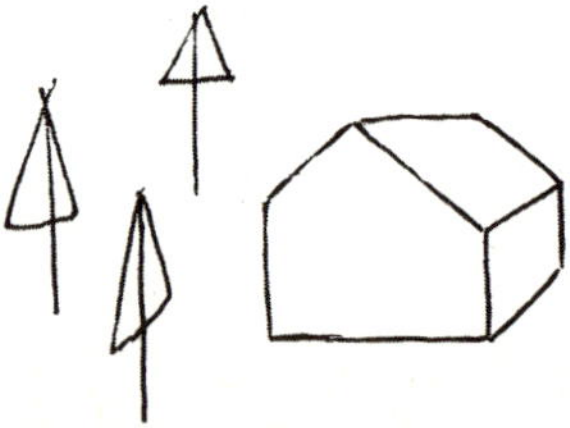

洋服を買いにいって、お店の人に「すみません」と声をかけるのはためらいがありますが、ちょうどいい間合いでそばにいればあれこれ聞くことができます。これと同じで、家の中でもそばにいる効用というのは大きい気がします。「ちょっと淋しそうだな」「なにか言いたいんじゃないかな」と感じたときは尋ねたりはせず、黙ったまま、なるべく近くにいるようにしています。

相談するもしないも相手の自由。ただし、「いつだって聞く用意はあるよ」ということを、態度で伝えているのです。

「ただ、同じ空間にいる」というのも、素のままでいるコミュニケーションの一つではないでしょうか。

とりとめのない話をするだけの、おだやかでゆるやかな素のつながり。これも家族ならではの、心地よさだと思います。

○家族の前では、素のままの自分でいたいものです。
○ただ、同じ空間にいるというコミュニケーションもあると思います。

時間を贈る

ちょっとしたものを、なんでもないときに、気負わず贈ること。

これも家族間のコミュニケーションだと書きましたが、贈り物にはもう一種類あります。それは、一人の時間を贈ること。

娘が小さい頃、毎週日曜日は、二人で外に朝ごはんを食べにいくのがわが家のならわしでした。近所のカフェやファミリーレストランに娘と二人で出かけて、あれこれ話します。幼くて好奇心いっぱいの年頃の娘は、気がつくこともたくさんあったし、言葉が追いつかなくてもどかしそうに見えるほど、話したいこともたくさんあるようでした。

散歩をしたり、本屋さんに行ったり、のんびりお茶を飲んだり。

家族で出かけるときとは違う、一対一のコミュニケーション。娘が小学生の頃までは、毎週、そんな時間を過ごしていた気がします。

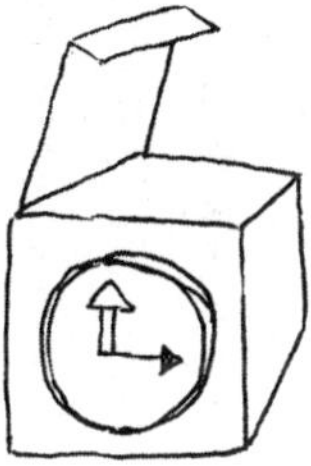

たいていの家庭がそうであるように、僕の家でも普段は、妻を中心とした三角形でつながりあっています。日曜日の朝だけ、そのかたちがちょっぴり変わるのです。

これは僕と娘の二人きりの時間であると同時に、妻に一人の時間を贈ることでもありました。

休日の朝くらい、のんびり休ませてあげたいけれど、子どもはたいていい朝早く起きて騒ぎます。僕が朝食をつくったとしてもガタガタするし、それならばと出かけることにしたのでした。

妻は午前中、ゆっくり寝ていてもいいし、一人でのんびりしてもいい。誰もいないうちに、ささっと掃除をすませてもいい。
僕にとっては娘との時間。
娘にとっては父親との時間。
妻にとっては一人の時間。
これは家族みんなにとって、なかなかすてきな贈り物になりました。

○時間はたいそう貴重なものです。だからこそ、大切な人に贈りたいのです。
○上司、部下、仕事相手にも、アイデア次第で時間をプレゼントすることはできます。

追いつめない

香辛料をたっぷり使った料理は、おいしいし、癖になります。異国のハーブの香り、独特の味付け、珍しいものを食べるたびに、「こんな味があったんだ」と刺激されます。

それでも、毎日食べる基本のごはんは、ごく普通のものが心地よく感じられます。ぴかぴかの炊きたてごはんと卵焼き、ていねいに出汁《だし》をとったお味噌汁。薄くスライスした雑穀パンにはちみつ、ミルクコーヒーといった平凡な食べ物。目新しくはないけれど、ほどほどにおいしいもの。長く食べ続けていけるのは、極端な味ではないからかもしれません。

人との関係にしても、守り、育て、そしてなにより続けていくためには、ほどほどがいいと感じています。

魂のありったけをぶつけ合うようなかかわりは、ロマンチックかもしれませんが、一時のもの。おたがいのすべてをわかちあうようなつきあいは、素敵に響くものの、リアルからは遠いところにあります。

友人と「家族との関係性で、大切にしていることはなんだろう？」と話していたときのことです。僕がはっと気づいたのは、「嘘をつかせるまで、相手を追いつめてはいけない」ということでした。

たとえば親が子どもに対して、あれをしなさい、これをしなさいと口うるさく命じたとします。やっていないのに「やった」と子どもが嘘をつくのは、その場を嘘で逃れなければどうしようもないほど、親が子どもを追いつめたためです。

単純な物差しで正しい、正しくないをはかれば、「宿題をやりなさい」と言う親は正しくて、やっていないのに「やった」と嘘をつく子どもが悪いとなるのでしょう。

しかし、もう少し目盛りが正確な物差しではかったなら、子どもに嘘をつかせてしまう親は、たとえ言い分が正当だろうと、やはり正しくないのだろうと思います。

「嘘をつくまで、追いつめていないだろうか」

まず、自分を振り返ることが必要だと感じます。

同じように、夫が妻に嘘をつく、妻が夫に嘘をつくとき、悪いのは、必ずしも嘘をついたほうとは限りません。

嘘でごまかさなければ立ち行かないほど、相手を追いつめていないだろうか？ プレッシャーを与えるような、高圧的な聞き方をしていないだろうか？ 期待であれ、愛情であれ、相手に多くを求めすぎてはいないだろうか？

「ああ、嘘をついているな」と家庭内で感じたときは、相手を責める前に、自分の胸に手を当てたほうがいいことは、たくさんあります。追いつめずに、ほどほどの関係を続けていく。これは家族にとって大切なことだと思います。

嘘には、その場を逃れるためにつくものと、本当のことを言いたくないためにつくものの二種類あります。

相手が嘘をついているときは、たいていわかるものです。特別に勘が鋭くなくても、「あっ、嘘だな」と気がつきます。

そんなとき、「嘘をついているでしょう」と、名探偵みたいにあげつらっても意味がありません。

「言いわけではなく、本当のことを聞かせてほしい」と詰め寄るのは、酷なふるまいです。

相手を追いつめても、本音など出てきやしません。出てくるのは、にがくてつらそうなため息だけ。一歩たりとも退けない壁際まで相手を追いつめてしまったら、二人の間の最後のつながりが、ぷつんと断ち切れてしまうかもしれません。

ずいぶん前になりますが、友人と共同で、大きなプロジェクトを立ち上げたことがあります。音頭取りは彼で、僕は「一緒にがんばっていこう」という彼の熱意にほだされたかたちで参加しました。僕のような人間を真剣に誘ってくれたのだから、自分も恩返しのつもりで、できる限りのことをしようと誓っていました。

　プロジェクトが動き出して一年ほどたったとき、彼は突然、「降りる」と言い出しました。今までずっと二人でいろいろなことをやってきて、これから、というときでした。僕は愕然とし、はしごを外されたような、裏切られたような気持ちになりました。

「今までの努力は、いったいなんだったんだろう」

「この期《ご》におよんでやめるなんて、これから僕はどうすればいいんだろう」

　さまざまな思いが心の中を駆け巡りました。

　もちろん、彼は彼なりに、プロジェクトから手を引く理由を話してくれました。健康上の理由。仕事への不安。

　どれもみな、僕が納得できる理由ではありませんでした。どれもかねてから彼が抱えていたものだったし、「何をいまさら」というのが本音だったのです。

　僕には、「本当のことを言ってほしい」と彼に詰め寄るだけの、いささかの権利はあったでしょう。実際、そうしようかとも思い、一晩中考え続けました。

翌朝、僕が出した結論は、追いつめないことでした。

僕は彼と一緒に、いろんなことを考え、たくさんの決断をしました。二人ともそのプロジェクトに、情熱を注いでいました。しかし、僕が彼のことを一〇〇パーセントわかっているかといえば、そんなことはありません。

僕が知っているつもりの「彼」は、たぶん、ほんのわずかです。彼には僕が知らない部分がたくさんあるだろうし、僕に言えないこともいっぱいあるでしょう。説明しにくい事情も抱えているのでしょう。

二人のつながりが、ほんのわずかな数パーセントの重なりで成り立っていたのなら、それを大切にしなければいけない。同時に残るパーセンテージの「知らない部分」を尊重しなければならない。

このように考えると、僕にできることは彼の決断をきちんと受け止めること。理由について追いつめないこと。ただ、それだけでした。「わかった」でさらりと済ませることが、僕にできる、精一杯の愛情表現だったのです。

あのときの自分が、正しかったのか、間違っていたのかは、今でもわかりません。それでも、もしまた同じようなことが起きても、僕は相手を追いつめずにいよう、少なくともそう思っています。

○嘘をつかなければならないほど、相手を追いつめてはいませんか？
○相手を尊重して、嘘を受け入れる、そういう愛情表現もあるのです。

教えてもらう

知ったかぶりをしたらおしまい。いつも思っています。

「そんなことはしない」という人も、知らず知らずのうちに、家族やごく親しい間柄の人の気持ちを、知ったかぶりしてはいないでしょうか？

「いいよ、もうわかったよ」

相手の話を遮るのは、親しさゆえにその人のことを「わかったつもり」でいるからでしょうが、それは驕りです。いくら深いつながりでも、相手が子どもでも、あなたとは違う一個人なのですから。

ろくに聞きもせず、わかったつもりになってはいけません。

相手が言わんとしていることを、素直に、謙虚に、教えてもらう。これはとても大切なことで、何度となく思い出したほうがいいことです。

知識についても、知ったかぶりは禁物です。

いっぱしの大人の年齢なのに、知らないことがたくさんあるのは、恥ずかしくもあります。しかし、その場は恥ずかしい思いをしても、「教えてください」と問うたほうが、あとあと、よほどいいのです。

インターネットがあればなんでも調べられる時代ですが、そこにある情報の精度はわかりません。表層だけみてわかったつもりで、実は理解していないこともたくさんあります。

ある上場会社のトップの方は、わからないことがあればきちんと「私はそれを知らないので、教えてください」とおっしゃるそうです。

文化的な素養もあり、世の中にさまざまなことを発信する大企業のトップですから、「まさか、この人が知らないはずはないだろう」とみんな思うでしょう。

しかし、一つを極めている人だからこそ、全方位的な知識の持ち主ではないのかもしれません。ほんとうに偉い人ほど情報通ではなく、もしかしたらなんでも知っているのは側近の役割なのかな、とも思いました。

いずれにしろ、それほどの人が「知らないことは、知らない」と言うと聞き、僕はちょっと安心しました。知ったかぶりをせず、きちんと教えてもらったほうがいいという思いを強くしたのです。

妙なごまかしをせず、「この人なら、くわしいだろう」という人に、心を込めてお願いする。そうすれば別の世界が広がります。生で人から教えられる情報によって、仕事の幅も生活の幅もぐっと広くなるということです。

目指すところは、教わり上手。

教わるときは、謙虚でありたいし、素直でありたい。ユーモラスに、笑顔を絶やさず、愛嬌のある態度でお願いしたいものです。

僕の場合は教わるとなると、相手にうっとうしがられるくらい、質問攻めにします。知識を得たいときは、貪欲であっても許されると思うのです。

教わるとき注意したいのが、教わりっぱなしにしないこと。

「これについては、こんな本が出ているよ」と教わったら、必ずその本を読みます。自分なりにさらに学んで発見があれば、逐一報告します。さらに、おかえしもできたらもっといいでしょう。

知人があるとき、日本文化研究者の角田柳作《つのだりゅうさく》さんについて教えてくれたことがあります。

角田さんは東京専門学校（のちの早稲田大学）を卒業して教師になり、明治四十二年にハワイに渡って教鞭をとります。その後、四十歳でニューヨークのコロンビア大学に学んだのち、「日本文化研究所」を創設したそうです。

「この人の存在があったからこそ、正しい日本というものが、ずいぶん外国に伝わったんだよ。『無名の巨人』と言われているけれど、こういう立派な人の存在は、無名のままにさせちゃいけないな」

知人がぽつんと言った明くる日から、僕は夢中になって角田柳作さんについて調べはじめました。ドナルド・キーンによって書かれたもの、司馬遼太郎の『街道をゆく』など、角田さんについてのさまざまな資料が出てきたので、自分なりに分類しました。

それから知人に「このあいだ教えていただいた角田柳作について調べてみたんです」と報告します。さらに「これはもしかするとお持ちでない資料かもしれませんので、コピーをお送りします」と、自分なりに知識を積み上げた、おすそわけもするのです。

教わりっぱなしにしない気持ちを行動で示せば、もっともっと、いろいろなことを教えてもらえます。何より、教えたほうも喜んでくれるのです。

知ったかぶりをせずに、教わり上手へ。

教わり上手から、教えてくれた相手とのさらなる深いつながりへ。

こんな連鎖は、何度繰り返しても楽しいものです。

○知ったかぶりをせず、謙虚で素直な教わり上手になるのは大切なことです。
○教えてくれた相手とのさらなる深いつながりがもてる、楽しい連鎖です。

「新しい、いいところ」を見つける

きれいな目をした人は、いつも目のきれいさを、ほめられるでしょう。頭がとてもいい人は、いつも頭がいいなと、感心されるでしょう。これは自然なことだし、何度も何度もほめていいのです。

それでも、ほめられてもっとうれしいのは、自分でも知らない「新しい、いいところ」を見つけてもらったときです。

本を出したりしている僕は、読者の方からの手紙といった、不特定多数の人とやりとりする機会に恵まれています。その際、自分の知らない「新しい、いいところ」を見つけて書いてくださる人もいます。

普通だったらなかなか知りあえないような人とコミュニケーションをとったことで、違う光を当ててもらえたのでしょう。ちょっと気持ちがしぼんでいるとき、そんな手紙に心が救われたことは、ずいぶんありました。

自分の身近な人にも、違う光を当ててあげたい。

「新しい、いいところ」を見つけてあげたい。

読者の方からの手紙に返事を書きながら、僕はそう決めました。


とくに元気のない人の、「新しい、いいところ」を見つけるようにしています。仕事場でも、家庭でも、真剣に考えれば必ず見つかります。小さなことでも、ささやかなことでもいいのです。小さくてもきらりと光るのは、ダイヤモンドだけとは限らないのですから。

「新しい、いいところ」を見つけたら、一緒にごはんを食べたり、みんなで話しあったりしているときに、繰り返し言います。妻にも、娘にも、会社の人や仕事仲間にも、同じようにしています。

ある女性が何度も企画書を出してくるのに、なかなか通せないことがありました。仕事ですから、妙な同情で妥協するわけにはいきません。何度やってもうまくいかなくて落ち込んでいる姿はかわいそうですが、これればかりは仕方がないのです。

しかし、彼女の「新しい、いいところ」はちゃんとあります。あまり企画が決まらなくても、手紙が抜群にうまいのです。本人はそれを意識せず、通らない企画にばかり目がいっているようだったので、僕はみんなの前で言いました。

「仕事柄、僕らはたくさんの手紙を書きますが、わからないことがあったら彼女に聞きましょう。年は若いけれど、彼女の手紙はとてもいいですよ。ていねいで心がこもっていて、いつも仕事相手にほめられています。『すごくいいお手紙をいただいて、ありがとうございます』って、この間も取引先の方が喜んでいました」

もっとささやかでも、「新しい、いいところ」はあります。

ある人は座り方がとても素敵なので、僕はミーティングのときに、みんなの前で言いました。

「みなさん、ちょっといいですか？　今、Aさんの座り方を見ましたか？」

無造作に椅子を引き、ドスッと座ったみんなはびっくりして、Aさんを見ました。

「口うるさいように聞こえるかもしれないけれど、電車で座るときにドスッと座ったら、隣の人はびっくりしてあなたを見ますよ。社会人として生きていく以上は、周りに配慮して静かに座るほうがいいと思います。その点、Ａさんの座り方は、すばらしい。すうっと椅子を引いて、滑るように音一つたてずに座る姿が、ほんとうに美しい。ぜひ、見習いたいと思います」

手紙がうまい人も、静かに座る人も、「新しい、いいところ」に光が当たったことで、ちょっと元気になったように感じます。

「新しい、いいところ」というのは、目立たないものです。

引き出しを思い切り音を立てて閉める人と、静かに閉める人では、後者がすばらしいと僕は感じますが、そのすばらしさに気がつく人はなかなかいません。

静かに閉めるためのていねいな動作、周りに対する控えめな気遣いは、あまりにさりげなくて、本人も周りも見逃してしまうのです。

さて、要領はわかったでしょうか？

「新しい、いいところ」を見つけるには、静かな観察者になることが一番です。虫を見つめ続けたファーブルのごとく、細密に、ひそやかに、そして愛情をもって。

まずは身近な人から、「新しい、いいところ」を見つけましょう。

○自分の身近な人の「新しい、いいところ」を見つけて、光を当ててあげましょう。

○「新しい、いいところ」を見つけるには、静かな観察者になることです。

家族を守る

一人で生きていける人間でありたいと思っています。人間の最低条件は、孤独を受け入れることだと考えています。

だから僕は、生活や仕事の場で、友だちを増やそうとは思いません。友だちというのは、なにか特別な出来事が訪れて偶然できるものだと感じます。人脈を広げたい、知り合う人すべてを友だちに発展させたいという気持ちは、ほとんどありません。

それでも、「知り合いの知り合いの中に入っていくケース」は、時としてあります。

友だちの友だちとの集まり。

妻の友だち、あるいは僕の友だちと家族ぐるみで集まること。

娘を中心とした集まり、親戚の集い。

そんなとき、「僕はそういうのは嫌いだから行かない」とは言いません。社交としていやがらずに参加し、できるだけ楽しむようにしています。無理矢理にとけ込もうとしたり、関係を深くしようとせず、「たまたま面白い人に出会えたら、それもいいな」というくらい、自然にしています。

こうした集まりで大切なのは、みんなの接点になる人が「気遣い役」になることだと思います。たとえば、僕の友だち一家と僕の家族で集まったなら、家族にとってそこにいる人たちとの接点は僕です。家族がいやな思いをしていないか、居づらくないか、無理をしていないかと気遣うのは、接点である自分の役目だと思っています。

「俺の友だちだから、仲良くして」というのは、あまりに乱暴ではないかと思います。

ゲストも大切ですが、一番気遣うべき、なにより守るべきは自分の家族。これはくれぐれも守りたい決まりごとです。

同じ意味で、自分の親と妻の接点は僕であり、妻の親と僕の接点は妻であると思っています。その際、なにより守るべきは自分の家族。自分でつくった自分の家族です。

僕と妻がお互いに気をつけているのは、実家に一人で帰らないこと。

実家に行くときは、必ず夫婦そろって行きます。娘は一緒のときもそうでないときもありますが、「夫婦二人で」というのは崩さないと決めています。

僕が一人で実家に行って、母の手料理を食べることはいっさいありません。

妻が一人で実家に行って、こっそり愚痴をこぼすこともありません。

「ああ、最近うまいものなんか食べてないよ。おふくろの手料理が最高だ」

「やっぱり実家が一番らくだし、落ち着くわ」

自分の親に気を許してこんなことを言うのは、珍しくないのかもしれません。

しかし、一回家を出て親離れをした以上、口が裂けても言ってはいけないことだと僕は思います。自分の家族をないがしろにする行為だし、親を歪んだかたちで喜ばせることにもなりかねないのですから。

そんな過ちを犯さないためにも、実家に行くのは二人でと決めているのです。もっとも、これは僕がはじめたことではなく、僕の両親が同じことをしていました。どちらかの実家に行くときは、必ず夫婦そろって。理由を改めて尋ねたことはありませんが、親の習慣が自然に受け継がれたということでしょう。

今も実家に「そのうち遊びに行くよ」と電話をすると、母は判で押したように「二人でおいでね」と答えます。

いずれ娘が結婚したら、「絶対に一人で帰ってこないように。うちにくるときは、いつも二人で」と言うつもりでいます。

接点になるのは難しいことなので、ついつい自分の役割に精一杯になってしまいます。その結果、近しい人ほどないがしろにしてしまうことは、ままあります。

近しい人、家族はいかなるときにも犠牲にしない。きちんと家族を守るというのは、男性にも女性にも必要なことだと僕は感じます。

○近しい人、家族はいかなるときにも犠牲にしないよう肝に銘じましょう。
○きちんと家族を守るというのは、男性にも女性にも必要なことです。

ごちそうになる作法

年上の人と食事に出かけて、財布を開いたことがあまりありません。二十代から三十代初めにかけては、年上の人とばかりつきあっていたこともあり、いつもごちそうになってばかりでした。

一緒に食事をするときは、相手を立てる意味で「今日は、ごちそうになります」と、前もって言います。「財布はうちに置いていきますから」と、ちょっとユーモラスに。なにごとも愛嬌は大切です。遠慮なく、大喜びでごちそうになるのも、愛嬌だし礼儀だと思っています。

そして今、会社や仕事仲間の若い人と食事に行くときは、その恩返しと思って、どこへ行っても僕がごちそうするようにしています。

相手が気にすると、こんなふうに話します。

「僕はいつも年上の人にごちそうになっているから、遠慮はいらない。そのかわり、あなたは自分より年下の人と一緒のときに、できるだけごちそうするようにすればいい」

こうやってお金が循環していくと、あらゆる関係は血液が巡るごとく、豊かになります。あくまでも無理のない範囲でのことですが。

お金に限った話ではありません。僕は年上の人に教えてもらうことがほんとうに多いので、逆の立場で年下の人になにか聞かれたら、自分が知っているあらゆることを、なんでも惜しみなく教えたいと思います。

企業秘密はなし。もったいつけもなし。聞かれればどんなことでも全部話します。

相手が喜んでくれることを話すのは、年上、年下に関係なく、「また会いたい」と思ってもらうための秘訣ではないでしょうか。

なにに対して喜んでくれるかはわからないけれど、自分が感動したこと、夢中になっていることは、できるかぎり伝えるようにしています。相手に差し出せるもの、与えられるものがなければ、つながり続けることはできない、そう思っているからです。

どちらかが常に与える側で、どちらかが常に受け取る側。こんな関係は長続きしないでしょう。

人とつながるチャンスは日々の中でたくさんありますが、チャンスを生かしきれていない人が、多いように感じます。

せっかくできたつながりを、長く続くように育て、深めていくには、与え続ける覚悟がいる。僕はそう信じています。

ごはんをごちそうになると、翌日に電話をしたり、手紙を送ってお礼をし、どこかに出かけたらお土産を送るというお礼もしています。ごちそうになって当然、という甘えた態度は失礼きわまりないと思うからです。

しかしこれは、ごはん代をお土産で返す、という即物的な話ではありません。目に見えるものと目に見えないものでバランスをとることもあります。

たとえば、僕には定期的に会っている友だちが何人かいます。同年代なので、

「今日は僕が払うから、次は君が払ってね」という方法で勘定をします。割り勘というのは僕の好みではないからでもありますが、信頼関係の表れともいえます。

お金の話だけでいえば、一応バランスはとれているわけですが、これだけでは関係のバランスはとれません。

僕が彼になにかを与えているから「また会おうよ」と誘ってもらえます。僕も彼になにかを与えてもらっているから、「また会いたい」と感じるのです。

情報でも、その人が喜びそうな話でも、なんでもいいので心の手みやげだけは忘れないようにしています。二人が会う数時間のあいだ、相手が存分に楽しむ、なにかを得る、発見をする。そのための「おもたせ」をお互いが持ち寄らなければ、関係のバランスはとれないということです。

自分と会うことで、相手に決して損をさせない。これは人間関係を深めるうえでの鉄則ではないでしょうか。

こうした関係の友人が、たまに「ごめん、今日はなにもあげられるものがないんだよな」ということもあります。しかし「なにかあげようと、僕のことを考えてくれた」と感じるので、それがうれしいおもたせになります。

「この人といると、自分が満たされる、幸せになる」

そう思うから、人は恋をするし、深くつながりたくなる。男女の間に限らず、お互いがいつも相手になにかあげたいと願い、損をさせない覚悟で与え続けるというのは、すてきなことだと感じます。

一方的に自分が吸い取られ、削り取られていってうれしい人はそうそういないのですから、お互いがお互いに与え続けていきたいものです。

『暮しの手帖』でもカウブックスでも著書でも、買ってくれた人に得をしてもらうことは、常に意識しています。

九〇〇〇円というお金を『暮しの手帖』という雑誌のために出したぶん、なにか特別に得るものがあるように。わざわざ電車で中目黒まで来てカウブックスに足を運んでくれたのに、損をした気分にならないように。「松浦さんの本を読んで、時間を無駄にした」と思われないように。

それが、自分にかかわってくれる人への感謝の気持ちと責任、思いやりだと思うのです。

このように考えていくと、心してごちそうしていただくようになります。感謝の気持ちも自然と生まれます。年を重ねるごとに、たくさんのものを与えられる人になりたい、そんなことも思います。

○相手に決して損をさせない。人間関係を深めるうえでの鉄則です。
○つながりを、長く続くように育て、深めていくには、与え続ける覚悟がいります。

求めない

「淋しいから、一緒にいたい」

たとえ男女であっても、こんな関係はあり得ないと思うのです。

自分の欠落を相手に埋めてもらうことは、ある種のわがままであり、自己中心的な考え方だと思います。満たされない気持ちを、誰かに満たしてもらおうというのは、子どもじみた甘えに過ぎません。

自分自身ときちんと向き合うこと。

個人として自立していない部分から目を背《そむ》けず、一人でちゃんと生きていくこと。

それができてはじめて、人と何かをわかちあい、つながれるという気がします。

プラス思考の考え方や、やさしさ、思いやり、学びといった、生きるうえで大切なことも、外に求めて手に入れることはできません。一つ一つの種を自分で見つけて、自分のなかで守り、ゆっくりと育てていくほかないと思うのです。
「どこかに売っているなら、買うよ」とでも言いかねない安易さで、努力をしない。「欲しいものは誰かが与えてくれる」とばかりに、親しい人にさまざまなことを一方的に求める。

こうしたふるまいは、あながち特殊な人がすることではありません。ふっと気を許すと誰もがしてしまいかねないことなのです。だからこそ気をつけて、「決してしてしてはならない」と、つねづね自分を諌めなくてはなりません。
「何かしてほしい、自分にかまってもらいたい」

求める気持ちを捨て去らなければ、人と絆を深めることなどできはしないと、覚悟を決めておきましょう。大切なのは「与える」という気持ちです。

仕事をするとき、僕の役目はリーダーシップをとることです。しかし、みんなに「正解」を求められたら、それは困ります。

僕が企画し、僕が方向性を決め、僕が全部をやってしまえば、話は簡単です。しかし、そんなことをしていたら編集部員は成長しないし、彼らの仕事を奪うことにもなります。いかに小さくても、全部を一人がやるのでは、組織というものが成り立たなくなります。

だから僕はいつもたたき台となるラフを出し、それをみんなが否定することから何かを作り出すようにしています。自分の考えを否定されるわけですから、傷つくといえば傷つきますが、そんなことよりみんなが「正解」を自分たちで探すことのほうが大切だと思っています。

逆に、否定されることが前提のラフなのに、「松浦さんが言ったことだから、これが正解なんだ」と従われたら、困ってしまいます。外に答えを求めず、自分で探す力を身につけてほしい、いつもそう願っているのです。

お互いに与え続けることが大切だと書きましたが、だからといって与えた相手に多くを求めるのも、ちょっと違う気がします。自分の思いというのは、たいてい過剰なものです。

たとえば仕事の関係でいえば、上司である僕は部下に愛情をもっており、できる限りのことを与えたいと考えています。

しかし部下から上司への思いというのは、絶対にそれと同等ではありません。おそらく僕が思っているほど、部下は僕のことを思っていないのが当然ですし、自然なことです。

突然「やめます」と部下に言われてショックを受ける上司は、世の中に多いと聞きます。与えていれば与えているほど、「あんなにいろいろ語り合ったし、夢もあったのに、なぜ?」とがっかりするでしょうが、それはよく考えてみたら自分勝手な思いの他ありません。

悪いのは部下ではなく、与えることでいつのまにか見返りを求めてしまった上司のほう。

「信頼関係ができた」というのも、自分の勝手な思い込みなのですから、相手をつきあわせてはいけません。ましてや「あのとき、約束しただろう」と追いつめたり、「裏切った」などと責めるのも、愚かなことです。

男女関係だと、話はまた違いますが、与える立場にある人は、くれぐれも相手に「求めない」ことを肝に銘じるべきだと思います。

○孤独な自分と向き合って、自立することができて、はじめて人とつながれるのです。
○求める気持ちを捨て去らなければ、人と絆を深めることはできません。

押しつけない

飛行機の搭乗時間までは、ただぼんやりと座っているか、本を読んでいることがほとんどです。

でも、その日の僕は、成田空港のあちこちの店を覗いていました。

何度も訪ねている台湾で、とてもお世話になった方がいました。どうにかして自分のこの感謝の気持ちを伝えたい、なにかプレゼントをしたい、ずっとそう思っていました。また台湾に行くことになったので、なにかふさわしい品はないかと歩き回っていたのです。

悩んだあげく、高級ブランド店でキーホルダーを包んでもらいました。

車のかたちをした革の飾りがついている、キーホルダー。

シルバーでもなんでもありません。ブランド名の刻印もない地味なもので、そこがいいと思って選びました。

焦げ茶のリボンがかかったオレンジ色の小さな箱を持って飛行機に乗り、三時間半でもう、台湾です。

滞在中に、その人と会う約束があったので、僕はキーホルダーの包みを鞄に入れて出かけました。

久しぶりに会うその人は、いつもどおりのあたたかい笑顔で迎え入れてくれました。楽しく話をし、食事をしました。心がほどけていく心地よさのなかで、僕は鞄の中身を思い出しました。

「これ、お土産です」

そう言ってキーホルダーを渡せばよかったのかもしれません。しかし、その人の屈託ない笑顔を見ているうちに、僕の心は変わっていきました。

これは、僕が「なにかお礼をしたい」という気持ちの、押しつけではないだろうか？

この人はそんなことは望んでいないし、負担になるのではないか？

この人が与えてくれたやさしさに対して物でお礼をすることに、僕は違和感を抱いているのではないだろうか？

短い時間に、いろんな思いがよぎりました。

自分の高揚にまかせて高い買い物をしたけれど、二人の関係にとってそれは、「よくないもの」だと感じたのです。

結局、僕はその包みを鞄から出さず、スーツケースにしまって、日本に帰ってきました。

たぶん、人とのかかわりのなかでは、自分が「したい」と思ったことでも、しないほうがいいこともあるのでしょう。

深刻に考えずに「はい、どうぞ」と渡せば喜んでくれたと思いますが、長い目でその人と僕の関係を考えたら、やはり渡さなくてよかったと感じます。

日本に戻ってから、僕はその人に、手紙を書きました。

あなたのやさしさ、思いやりがとてもうれしくて、なにか贈り物をしたくてたまらなくなったこと。その気持らのたかまりのまま、あちこちの店を見て、キーホルダーを選んだこと。だけれどあなたに会ったら、渡さないほうがいいという気がしてきて、そのまま日本に持ち帰ったこと。

手紙を読んだその人は、すごく喜んでくれました。

「そんな高価な買い物なんかして、馬鹿みたい」と笑いながら、「でも、あなたの気持ちがとてもうれしい」と言ってくれました。手に持っていながら渡さずにいてくれた心配り、そこまで自分のことを真剣に考えてくれたことに、感動したと。

僕の感謝の気持ちは、品物を渡さなくても、伝えられたようです。

「プレゼントをする」という自分の目的だけを優先しちゃいけなかったんだと、改めて考えさせられる出来事でした。たとえば「○○の話をするために会いにいく」という目的があったとしても、その人の顔を見たとたん、話すのをやめることがあってもいいのではないかと感じました。

そのキーホルダーは自分で使うわけにもいかないし、もちろん別の人にもあげられないので、箱に入ったまま、今でも部屋に置いてあります。

ときどき眺めては、人の気持ちを考えるというのは、とても難しくって、とてもいいものだな、と思います。

○感謝の気持ちは、品物を渡さなくても伝えられるものです。
○人との関係、人の気持ちを考えるのは、難しいですが、いいものです。

黙って見守る

好きであればあるほど、あれこれ干渉したくなります。

愛情をもっていればいるほど、なにかしてあげたいと思うものです。

「あなたを大切に思っているよ」

その気持ちを伝えることは、大切です。そばにいて、実際に力になることは、人とつながっていくうえで欠かせない要素です。

しかしそれは、自分の気持ちを優先した愛情表現であることを、ゆめゆめ忘れてはなりません。

「なにかしてあげる」とは、自分が「こうするといいだろう」と想像したことを、自分が「こうしよう」と決めてしていること。相手が本当のところどうしてほしいのかは、いくら親しくても一〇〇パーセントわかるはずがないのです。

時には黙って見守ること。

これは大きな愛情表現ではないかと、僕は思います。すこし距離を置いて、口をはさまず、手も出さず、それでもちゃんと相手を見守っていること。

してあげることといえば、なにがあろうと、その人にとっての友だちでいること、家族でいること、恋人でいること、ただ、それだけ。

それだけですが、時と場合によってはこれが最大の愛情表現になります。

僕自身、しみじみとありがたいと感じるのは、仕事のパートナーや妻が、黙って見守ってくれていることです。

「心配をかけて申し訳ないけれど、今はいろいろ説明できないし、ほかのことに集中していて、あなたにまで気を配れない」

そんなふうに余裕がないとき、干渉せずにいてくれることに、どれだけ助けられたかわかりません。

干渉しないといっても、見放しているわけでもないし、無関心でもない。気に

かけて静かに見守ってくれているからこそ、自分は生かされているのだと思えるのです。
もしかするとこれは、親の愛情によく似ているのかもしれません。愛情があればあるほど、親は子どもを信じて、口を出さずに見守っていられるはずです。
子どもに対してはもちろんのこと、自分とかかわりをもつ大切な人たちを、黙って見守れるような愛をもちたい。僕はそう願っています。

Labor and to wait.

『あたらしいあたりまえ。』にも書きましたが、「種をまいて待つ」という意味の、僕が好きな言葉です。

人間関係もまた、種をまいて待つという営みなのでしょう。

人とのつながりを深めるには、時間がかかります。どうしたって待つ時間がいるのです。

種をまいてすぐに、「根がついたか、芽が出てきたか?」と、ほじくりかえしては駄目になってしまいます。

ようやく芽吹いた小さな緑を育てるときは、いくら愛情があるからといって水をやりすぎれば腐ってしまいます。かといって手を掛けず、ほったらかしにしておけば枯れてしまいます。

適度な水の量は、どのくらいかを知る。

種をまくタイミング、水をあげるタイミングを知る。

そしてなにより、待つ時間の大切さを知る。

人とのかかわりは、毎日毎日、小さな種を育てていくようなものなのでしょう。

ただ一ついえることは、急ぐ必要はないということ。

あなた自身が森のなかの一本の木であり、大勢の人の愛情によって、ゆっくりと育《はぐく》まれてきた小さな種なのですから。

○時には黙って見守ることが、大きな愛情表現になります。
○Labor and to wait. 人間関係もまた、種をまいて待つという営みなのです。

おわりに　〜すべてを丸くしてくれる魔法の言葉〜

しばしば書いていることですが、僕は手紙を書くことを大切にしています。どんな手紙にもよく使う言葉は、「いつもありがとう」。

手紙の書き出しを「いつもありがとう」で始め、用件やお礼を書く。季節の挨拶や用件を先に書いて、「いつもありがとう」で手紙を締めくくる。

仕事仲間や家族にも、ひんぱんに「ありがとう」と声をかけます。もちろん、ただの便利な言葉というわけではありません。

いい仕事をしてくれて、ありがとう。家族でいてくれて、ありがとう。

最終的には、その人がこの世に存在し、自分の世界にかかわってくれているお礼として、「ありがとう」という言葉を使っているのです。

ありがとうは魔法の言葉で、何かトラブルがあったり、傷つけ合ったり、お互いに気持ちを波立たせることがあっても、すべてを丸く包み込んでくれる力があります。

できることなら、自然と「ありがとう」という感謝の言葉がたっぷりと浮かんでくるような毎日を送りたい、僕はそう願っています。

人間関係には、あやまちや悩みがつきものです。悲しんだり、怒ったり、「ありがとうなんてとんでもない！」という出来事も、実のところたくさんあります。

しかし、悩み、悲しみ、怒り、そして考えることは、どう生きるかを学ぶことでもある、僕は近頃そんなふうにも思うのです。

いろいろ考えさせられるきっかけが人間関係であり、人生の最高の学校だと。どんな立派な学校や図書館よりはるかに多くを学び、成長できる場だと。

このようにとらえれば、人とのかかわりで一時はいやな思いをしたとしても、学んだことに対して「ありがとう」という言葉は、ゆっくりわいてくるように思うのです。

僕もあなたと一緒に、人生をありがとうで満たしていく日々を、続けていきたいと思います。

この本を、読んでくれた、あなたにありがとう。

松浦弥太郎

［解説］

轟木節子

一読者として松浦さんの文章と出会ったのは、雑誌のブックレビューのページでした。小さなスペースでしたが、あたたかく心に残るものがあり、その部分に、まるで日が射している窓辺のような気持ち良さを感じたのをよく覚えています。

それから数年経ち、お仕事のご相談のお手紙を書いたところ、ていねいにお返事をいただき、お手紙のやり取りをさせていただきました。

初めてご本人とお会いしたのが二年前。『暮しの手帖』の一企画にご協力させていただき、その後はスタイリストとしての仕事での関わりに加え、時々会って、お茶をご一緒させていただくこともあります。

私が松浦さんと接していて感じるのは、「さまざまな年齢、さまざまなスピードが、ひとりの中に同居している」ということです。〝少年青年紳士〟とでもいいましょうか。きらきらと好奇心に満ちた少年のようなやんちゃな心、これから何かをやり遂げたいと思っている青年のようなエネルギッシュさ、そして物知りの紳士のような穏やかさをお持ちだと感じます。

また、いつも穏やかな松浦さんですが、いざ動かれるときは即断即決。静から動、動から静へと、不思議なスピード感の持ち主です。松浦さんの書かれる本にも、そんな人となりが映し出されていると感じます。ゆったりと語りかける言葉のはざまに、ときどきハッとするようなメッセージが挟み込まれていて、そのリズムとあたたかさに、いつしか引き込まれてしまうのです。

この本に先立って出た二冊、『今日もていねいに。』『あたらしいあたりまえ。』を読んだ時もそうでした。ページを繰るごとに、励まされたり、共感したり、思わず居住まいを正したり……。少しずつ読み進めたい内容ですのに、あっという間に読み終えてしまったことを思い出します。

三冊目となる今作『あなたにありがとう。』においても、そのリズムは健在。そして今回は「人との関係」について語るという、これまでとは違う特徴があります。

人間関係は、誰にとっても切実なテーマです。私も今回は本の中の言葉を自分自身に照らし合わせ、日々を振り返りました。

私が携わる「スタイリスト」という仕事は、多くの方々と関わることで成り立っています。雑誌の仕事ですと、モデルさんやカメラマン、ヘアメイク、服や小物をお借りするショップやメーカーの方、編集者やライターの方々など……。このように様々な立場の人が集う場では、気づかいを必要とすることも多くあります。

たとえば、編集者の方が書いた、コーディネートの写真に添える文章をチェックする時。一枚のブラウスに「幼く見えがちなフリルのブラウスも、○○と合わせれば大人のテイストに」といった記述があると、「このブラウスをつくったデザイナーさんは〝幼く見えがち〟という言葉を読んでどう感じるだろう?」と気になって、別の表現に変えていただくこともあります。

私たちの仕事によって、誰かがたとえ小さくでも傷つくことのないように、また何かしら、よい心地を残せたら、ということは、いつも念頭に置いています。

これと似たことを、松浦さんは『暮しの手帖』の編集後記でよく書かれています。「『暮しの手帖』のすべてのページが、読んだ方を幸せにしているかどうかをいつも気にかけている」と。その姿勢は、私と同じ……などと年少の身で言うのはおこがましいですが、共感できた瞬間、やはり嬉しい気持ちでいっぱいになりました。この本の中にも、そんな共感のポイントが端々《はしばし》にありました。

その一方で、これまで意識していなかったことに改めて気づき、感謝していることも。

たとえば「待たせない」という箇所。約束を守ること、間に合わないとわかったら早めに知らせることの大切さを、松浦さんは語っています。これは当たり前に見えて、実は難しいことです。

「時間をつくる」という項目に出てくる「置きざりにした会話」という言葉も、人と話したことをすぐに忘れてしまう私は、はっとしました。中断した話題を放りっぱなしにせず、後で話をし直そう、という言葉に触れた時、ひとつひとつの会話を尊重することは、その人自身を尊重することなのだと思い、共に過ごす時間を大事に、もっと人とていねいに話そう、という気持ちが湧いてきました。

相手を心配させない、不安にさせない、「気持ちの良さ」が残るコミュニケーションの秘訣を、この本からたくさん教えてもらいました。

「支配しない」という項目の中で、先回りして注意してしまう「釘をさす」ことを、松浦さんは良しとしていません。言われてみれば確かに私も、釘をさされて大いに気を削《そ》がれたことがあった……と、過去の小さな出来事を思い出しました。相手のちょっとした一言にひどくしょんぼりしたのはなぜだったのか、時を経て新たに答えを得られた思いでした。自分のプライドや理解していて欲しいという気持ちによるものだったのだろうと、振り返ってみて気がついたのです。そこで〝真の思いやり〟について考えてみたりもしました。

こんなふうにいくつもの発見をさせていただきつつも、「ここは松浦さんと考えが違うな」と思ったところもありました。

同じく「支配しない」の項目のなかで、松浦さんは「車を運転しているとき、助手席からあれこれ言われるのは不愉快でしょう」と語っていますが、私は、「いろいろ指示をしてもらえたほうが嬉しいくらいだ」と感じたのです。同じ項目の中に、同意できる部分とそうでない部分があるのも、面白いですね。

共感、納得、そして「私はあなたと違い、こう思うなあ」という気持ち。さまざまな感覚に身を任せて読みふける中で、ふと気づいたことがあります。それは、この一冊が、ひとりの「人」のような存在だということです。本棚の一冊分のスペースに座っている、相談相手の友人のような感覚です。

人の言葉にポンと背中を押されることもあれば、立ち止まって考えるようにすすめられたり、シュッと引っ張ってもらえたりすることもある。

この「本の姿をした友人」と接し続けていくと、いつしか「人間関係」というテーマから、さらに深いところへと、考えが及んでいくような気がします。

自分と時間との関係、自分と物事との関係、そして自分と自分との関係。この本はそうした様々なものと関わっている自分の在り方を問う道へと、自然に導いてくれているのでしょうか。

松浦さんもそれを問い続け、実践し続けている方のように思います。決して眉間にしわを寄せながらではなく、気長におおらかに、そしてていねいに。

最後の章には、人との関係を築く過程を「種をまいて待つ」ことにたとえた文章がつづられています。

種をまいても、結果はすぐに見えないかもしれません。それでも慈しみ育てていくところに、希望が感じられ、この本の中でも大好きな箇所です。中でも印象的なのが、最後の一言――「あなた自身が森のなかの一本の木」という言葉です。一粒の種が木になるまでを想定していらっしゃる、その雄大な視野には驚かされます。そして同時に、小さな積み重ねを続けて、木を育ててあげていくような、人の喜びも感じ取ることができます。

もしかすると彼自身が、木のような方なのかもしれません。新緑の時期には良い匂いを放ってキラキラと輝く。夏の盛りには葉を茂らせて、人が憩える木陰をつくる。冬には葉を落とし、飾らない自分をさらけ出す……。四季折々で違った姿を見せる木のように、彼も様々な形で、私たちにメッセージを送ってくれているような。木の精となって飛び出し、わくわくとした好奇心を栄養に、楽しげに夢の種をまいているような。

このように、松浦さんは「楽しみながら生きる人」ではないかと、私は感じています。

本のなかで彼が語るさまざまな提言を目にすると、「ストイックで、自分に厳しい方なのかな」と思う方もいらっしゃるかもしれません。けれども、彼と接する中で伝わってくるのは厳しさではなく、自分で決めたことや選び取ったことを、喜びとともに実践する自由さです。

とすると、私たちとこの本との関わりも自由であってほしい、と松浦さんは思っていらっしゃるのかもしれません。

本に書かれたことを全部この通りにできなくとも、こんなことを思って人付き合いをしている人がいる、こんなていねいな考え方がある、と知っている人生と知らない人生とでは、大きく違うと思うのです。

ふと何かの時に、この本で読んだことを思い出すだけでも、一歩すてきな自分に近づいていると思います。

さて、この「本の姿をした友人」、友は友でも、私たちよりも前方を歩く友です。たくさんの思考を経て多くの知恵を持った、生き方の先達。それぞれの章の最後には、その知恵が二行にまとめて記されています。この言葉を見ていると、誰もがいつかたどり着くはずの答えのような気がしてきます。

人の人生はひとつひとつ違って、試行錯誤の方法も、歩むルートも千差万別。けれども、そうしてたどり着く大切な答えは、みんな同じなのかもしれません。最後の二行は、その答えを少し先に、私たちに教えてくれているようにも思えます。

本にして友、友にして先輩である『あなたにありがとう。』さんと出逢えたことを、とても嬉しく思っています。

さらさらとした滞りのない、気持ちのよいコミュニケーションの秘訣は、相手を想い、ていねいに接すること。それがすべての流れをよい方向にぐんぐん導いていくのだと思います。

まさに「あなたにありがとう。」という気持ち。この言葉をいつも心のすみっこに持っていれば、私たちは無敵です。

今まで出会ってきた、たくさんのあなたに、ありがとう。

これから出会う、あなたに、ありがとう。

いろんなことがうまくいく、最強のおまじないの言葉のように感じてきました。

「あなたにありがとう。」

すべての読者の方々の日々が、輝きを増しますように。そう願っています。


（スタイリスト）

著者紹介

松浦弥太郎（まつうらやたろう）

1965年、東京生まれ。『暮しの手帖』編集長、「COW BOOKS」代表。高校中退後、渡米。アメリカの書店文化に惹かれ、帰国後、オールドマガジン専門店「m&co.booksellers」を赤坂に開業。2000年、トラックによる移動書店をスタートさせ、02年「COW BOOKS」を開業。書店を営むかたわら、執筆および編集活動も行う。06年より『暮しの手帖』編集長に就任。

著書に『本業失格』『くちぶえサンドイッチ　松浦弥太郎随筆集』『場所はいつも旅先だった』『最低で最高の本屋』（以上、集英社文庫）、『くちぶえカタログ』（静山社文庫）、『軽くなる生き方』（サンマーク出版）、『日々の100』（青山出版社）、『松浦弥太郎の仕事術』（朝日文庫）、『今日もていねいに。』『あたらしいあたりまえ。』（ともにPHP文庫）、『愛さなくてはいけない　ふたつのこと』（PHPエディターズ・グループ）など多数がある。

COW BOOKS　http://www.cowbooks.jp/
暮しの手帖　http://www.kurashi-no-techo.co.jp/

ブックデザイン　わたなべひろこ
イラスト　川原真由美
編集協力　青木由美子
林 加愛
DTP　ＰＨＰエディターズ・グループ

この作品は、2010年９月に
PHPエディターズ・グループより
発行された。

PHP文庫

あなたにありがとう。

暮らしのなかの工夫と発見ノート

2013年5月21日　第1版第1刷
2014年5月21日　第1版第8刷

著者………松浦弥太郎
発行者……小林成彦
発行所……株式会社PHP研究所
東京本部　〒102-8331　千代田区一番町21
文庫出版部　☎03-3239-6259（編集）
普及一部　☎03-3239-6233（販売）
京都本部　〒601-8411　京都市南区西九条北ノ内町11

PHP INTERFACE……http://www.php.co.jp/

印刷所
製本所……凸版印刷株式会社

ISBN978-4-569-67983-9